언니,
꼭 그래야 돼?

자매님들의 강박 이야기

언니, 꼭 그래야 돼?
자매님들의 강박 이야기

2020년 8월 25일 초판 1쇄 적음
2020년 9월 1일 초판 1쇄 펴냄

지은이	김민정 정혜덕
펴낸이	김명일
디자인	노성일 designer.noh@gmail.com
펴낸곳	깃드는숲

주 소	부산광역시 북구 낙동대로1762번길 60 1204호
팩 스	051-331-6786
이메일	hoop1225@gmail.com

ISBN	979-11-970918-0-3 (03230)

이 도서의 국립중앙도서관 출판예정도서목록(CIP)은 서지정보유통지원시스템
홈페이지(seoji.nl.go.kr)와 국가자료공동목록시스템(www.nl.go.kr/kolisnet)에서
이용하실 수 있습니다. CIP제어번호 : CIP2020026118

김민정 정혜덕 지음

언니,
꼭 그래야 돼?

자매님들의 강박 이야기

깃드는숲

삼계탕이었다

서문

2017년 설 즈음, 셋째 자녀 출산 이후 약 6년간 '경단녀'로 지내다 재취업에 성공했다. 세상으로 복귀하는 기쁨을 나누고 싶어서 한동네 사는 교회 동생을 불러냈다. 언니 취직했어. 우리 맛있는 거 먹자!

비록 시간강사 계약서에 사인을 했지만 취직을 하지 못한 동생에게 삼계탕을 사주고 싶었다. 우리는 뽀얀 국물 속 두 다리 모은 닭과 마주했다. 입천장 델라 조심조심, 뜨끈한 국물을 후후 불어 마시며 하얀 살을 조금씩 뜯어먹었다. 그렇게 하면 이 한 그릇의 삼계탕이 지친 몸에 피와 살이 될 것 같았다. 6년 만에 세상으로 다시 나가는 나의 감사와 두려움, 미래를 알 수 없는 동생의 기대와 절망이 낮게 깔린 식탁이었다.

세상살이가 힘들어도 그나마 사람을 사랑하는 맛으로 살아가는 동생과 나는, 사랑으로 시작해서 사랑으로 끝나는 수다를 떨곤 한다. 사랑하고 싶은 본능, 사랑받고 싶은 욕망, 사랑해야 한다는 당위가 닭 뱃속에 차곡차곡 들어있는 찹쌀, 대추, 은행처럼 우리 이야기 안에 담겼다. 그 사랑의 이야기가 깊어지다 보니 '그리스도인 여성은 이렇게 해야 한다'는 지점에 닿게 되었다. 우연찮게 우리의 강박을 발견했다.

표준국어대사전은 강박을 '어떤 생각이나 감정에 사로잡혀 심리적으로 심하게 압박을 느낌'이라고 풀이한다. 연관된 단어인 강박관념의 뜻은 '마음속에서 떨쳐버리려 해도 떠나지 아니하는 억눌린 생각'이다. 두 단어의 뜻으로 강박의 속성을 알 수 있다. 강박은 내 마음대로 떨쳐버릴 수 없고, 나를 불편하게 한다. 내 마음대로 떨쳐버릴 수는 없지만 나를 행복하게 하는 것은 강박이 아니다. 사랑하는 사람이 자꾸 떠올라 가만히 있다가도

슬금슬금 웃는 것은 강박이 아니다. 불편하게 하는 생각에서 빠져나올 수 있다면 그것도 강박은 아니다.

강박은 약점과 콤플렉스에 붙어 있다. 다른 사람에게 보여주고 싶지 않고 스스로도 모른 척하고 싶다. 나를 지키고 남에게 멋지게 보이고 싶어서 그런다. 이렇게 성을 만들어서 그 속에서 안전하게 머물고 싶은 마음은 누구에게나 있다. 그렇게 쌓은 성벽이 강박이다. 그런데 성벽은 생각과 달리 안전하지 않고 오히려 불편하다. 성벽이 단단해질수록 병적인 강박장애가 될 가능성이 높아지기도 한다. 성벽이 아니라 담장이 필요하다. 성벽을 담장으로 낮추려면 상대가 약점을 비난하거나 평가하지 않고 나를 사랑해 주리라는 믿음이 있어야 한다.

나와 동생은 서로 사랑과 믿음을 나누는 관계였다. 우리는 용감하게 자기 이야기를 꺼내고 조심스럽게 상대방의 이야기를 들었다. 나를 불편하게 하는 반복되는 생각이나 행동에 대해 이야기를 나누며 나 자신을 좀 더 사랑할 수 있었다. 이 과정이 강박증의 치료에 활용되는 인지행동치료와 유사하다는 것을 나중에 알았다.

나의 인생에서 혹독하게 추웠던 겨울에 몸과 마음을 따끈하게 데워주었던 삼계탕의 기운으로 수다의 서문을 쓴다. 온기가 아직 남아있는 그릇에 두 '자매님'들의 사랑과 강박을 담았다. 우리의 이야기가 강박으로 힘겨워하는 사람들에게 위로와 응원이 되길 바란다.

차례

일러두기
- 본문에 인용한 성경은 새번역성경입니다.

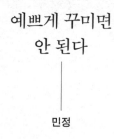

예쁘게 꾸미면
안 된다

민정

나는 예쁘지 않다. 예쁘다고 우길 수도 있겠지만 내가 보기에 나는 예쁘지 않다. 이것이 문제다. 나는 외모에 콤플렉스가 있다. 콤플렉스는 객관적인 기준으로 만들어지지 않는다. 주관적이고 비이성적이다. 다른 사람이 예쁘다고 말해줘도 도움이 안 된다. 나를 지으신 창조주는 나를 어여삐 여기시지만, 예쁘게 생겼다고는 말하지 않으실 거다.

외모 콤플렉스는 내 마음의 그늘진 구석이다. 다른 사람은 내 외모에 관심이 없는데 지레 겁을 먹고 응달을 찾아 숨는다. 친구가 사진을 같이 찍자고 하면 소스라쳐

도망치고, 머리 자른 걸 알아보고 "머리했네?"하며 인사를 하면 급하게 화제를 돌리느라 진땀을 뺀다. 콤플렉스는 가만히 있지 않고 점점 커진다. 이 그늘을 모른 척하면서 계속 살아가기는 힘들다. 게다가 나 자신을 귀하게 여기지 않으면 나를 사랑하는 사람들에게 무례가 된다. 바뀌어야 한다. 그러나 노력하기 싫다.

외모 콤플렉스가 만든 강박은 '꾸미면 안 된다'이다. 열심히 꾸미고도 못생길 바에야 내버려두고 못생긴 편이 낫기 때문이다. 나는 외모에 지나칠 정도로 가치 부여를 하지 않는다. 기능에 충실한 것들만 바르고, 입고, 신고, 들고 다닌다. 내 화장품은 무척 단순하다. 바르면 화장한 티가 나는 색조 화장품은 쓰지 않는다. 화장은 매일 똑같다. 분위기, 입는 옷, 계절에 따라 화장을 다르게 하는 사람을 보면 감탄이 나온다. 옷도 검소하게 입는다. 그 흔한 인터넷 쇼핑도 해본 적이 거의 없다. 대부분 착한 동생의 옷을 얻거나 싼 것을 사서 오래 입는다.

몇 년째 매일 들고 다니는 가방은 엄마가 어디서 주워 오신 것인데, 잠금 장치가 고장 난 데다가 그 부분의 가죽이 찢어져서 너덜너덜하다. 모서리는 닳아서 찢어질까봐 걱정된다. 그래도 들고 다닌다. 간혹 누군가에게 지적을 받으면 "제가 잘 하는 데에 집중하려고요. 예쁘게 하려해도 별반 달라지지 않으니 외모는 투자 대비 효용이 별로인 것 같아요."하면서 속으로 부끄러워한다. 외모에 신경을 안 쓴다면 부끄럽지 않을 텐데, 안 쓰는 척 하니까 그런 말을 들을 때 민망하다. 예쁜 화장, 멋진 스타일링 알려주는 텔레비전 프로그램을 입을 벌리고 보는 걸 보면 '척'이 맞다.

외모 콤플렉스를 직면하게 된 사건이 있었다. 어느 날, 화장을 지우고 로션을 바르면서 무심코 "아, 진짜 이상하게 생겼다."라고 말했는데, 옆에서 그 말을 들은 동생이 갑자기 정색을 했다. "내가 언니를 얼마나 사랑하는데! 언니가 자기한테 그렇게 말하는 거 들으면 나는 너무 속상해. 그러니까 그런 말 하지 마." '이상하게 생겼다'는 말은 평소에 내가 자주 하는 말이었다. 진심으로 하는 말이라 그 말이 문제가 된다는 생각을 해 본 적이 없었다. 그런데 동생의 말을 듣고서 깜짝 놀랐다. 한 대 얻어맞은 듯이 '뎅'하고 머리가 울렸다.

나는 무례했다. 나 자신을 우습게 보았다. 나를 사랑하는 사람들을 '자신을 우습게 여기는 사람을 사랑하는 사람'으로 만들었다. 그날 이후로 내가 이상하게 생겼다는 생각은 하지 않으려고 애쓰고 있다. 생각을 하지 않으려고 하면 더 생각하게 되는 법이라 의식적으로 거울 속의 나에게 친절하게 대한다. 차마 예쁘다고는 못하지만 "너 매력 있다."라고 마음속으로 말해주고, 웃어준다. 그래도 내가 이상하게 생겼다는 생각이 들 때는 생각만 하고 입 밖으로 말하지 않는다. 사진 찍으면 영혼이 나간다고 하면서 사진 찍기를 병적으로 싫어하고 피해 다니던 짓도 그만두었다. 가끔 가까운 사람에게 함께 사진을 찍자고 말하는 용기도 낸다. 누가 있으면 뭐가 묻은 것 같아도 거울을 보지 못하던 부끄러움도 접었다. 여전히 사진 찍기는 어색하고, 다른 사람이 있는데 거울을 보려면 용기가 필요하다. 하지만 내 콤플렉스는 한 겹 정도 가벼워졌다.

콤플렉스의 친구인 강박도 함께 쪼그라들었다. 이제는 새 옷을 산다. 새 옷을 샀다고 말할 수 있고, 립스틱 색을 바꾸면 티를 내면서 입술을 내밀 수 있다. 누군가가 예쁘다고 말하면 아니라고 손사래 치느라 바빴던 내가 으쓱으쓱도 한다. 화장품 가게에서 용감하게 테스트 상품을 발라보고, 옷가게 직원에게 궁금한 점을 자연스럽게(!) 물어본다. 이렇게 한 두 걸음씩 내딛다보면 자유의

날이 올 것이다. 외모를 위해 돈을 쓰면서 수줍음에 몸을
비틀지 않고, 잘 다듬어진 나를 보며 기특해 하고, 예쁜
옷이나 가방을 보면서 나와 어울릴 지 생각해 보는 날이.

내 것인 티를 내야 한다

민정

강박은 보통 깔끔함, 단정함을 지향하는데 내 강박은 오히려 어지르는 쪽이다. 남의 것이 반듯하고 깔끔하면 편안하고 기분 좋다. 내 것은 다르다. 나는 내 물건을 망가뜨리고 찌그러뜨리거나 무심하게 내버려둔다. 강아지가 오줌으로 자기 영역을 표시하듯, 그런 방식으로 내 것인 티를 낸다.

이런 강박은 어제 오늘의 일이 아니다. 지금도 여전히 내 물건은 적당히 망가져 있고, 내 공간은 꽤나 지저분하다. 어려서부터 부모님께 숱한 잔소리를 들어왔다. 게다가 동생 때문에 나의 '어지름 강박'은 살금살금 강화

되기도 했다. 동생은 강박적으로 물건을 잘 챙기고 깔끔하게 관리한다. 나는 매일 쓰는 휴대전화 충전 케이블도 동생 것을 빌려 쓴다. 내 것은 이미 반쯤 망가져 충전을 하려면 각도를 잘 맞춰 꽂아야 하는데 동생 것은 새것같이 말짱하기 때문이다. 심지어 내 것보다 더 오래되었는데도 그렇다. 동생은 전자기기의 포장박스를 버리지 않는다. 포장박스에 본래 포장되었던 모양 그대로 기기와 부속품들을 넣어서 정리한다. 필요할 때는 설명서도 다 찾을 수 있게 보관한다.

동생과 나의 차이를 극명하게 보여주는 물건이 있다. 우산이다. 동생은 우산을 사면 몇 년 동안 깨끗하게 쓴다. 지금 쓰고 있는 우산은 9년 전 여름에 내가 사 준 것이다. 색깔이 우윳빛이라 동생과 잘 어울렸다. 만약 내가 썼다면 접히는 부분에 금방 때가 타서 검정 선이 생겼겠지만 그 우산은 여전히 뽀얗다. 어렸을 때에도 동생의 우산은 깔끔했다. 언제나 있어야 할 자리에 있고, 찾으면 곧장 기분 좋게 쓸 수 있도록 예쁘게 돌돌 말려있었다.

그런 반면 내 우산은 세월과 풍파에 연약했다. 내 우산은 충성심이 강해서 주인인 나를 지키다가 비바람에 살이 하나쯤 비틀어지기 일쑤였다. 그래서 모양이 온전치 않았고, 말아서 정리해도 가지런해지지 않았다. 주인이 착실하게 말려 제대로 보관하지 않으니 수명도 짧았다. 살이 튀어나와 원단이 찢어지기도, 잠금쇠가 고장나 펴지지 않기도 했다. 그래도 나는 부득부득 내 우산을 고집하며 완전히 못 쓰게 되기 전까지 그 우산을 들고 다니는 오기를 부렸다. 한 줄기 물만 피하면 된다며 찢어진 우산을 쓰고 나갔다가 홀딱 젖기도 했다.

우산이 아닌 다른 물건도 험하게 다루기는 마찬가지다. 너무 새것 같거나 단정하면 물건을 쓸 때 조심스럽고 불편하다. 그래서 핸드폰을 새로 사면 떨어뜨리지 않으려고 조심하지만, 실수로 한 번 떨어뜨리고 나면 안타까우면서도 후련하다. 새 신발을 신고 비 오는 날 진흙을 한 번 밟으면 아까우면서도 편해진다. 누가 봐도 내 것인 티가 나야 마음 놓고 쓴다. 그렇다고 물건을 깔끔하게 쓸 줄 모르는 건 아니다. 내가 사용하지만 내 것은 아닌 업무용 책상이나 컴퓨터는 조심조심 깨끗하게 사용한다.

이렇게 물건에 괜한 상처를 내면서 무심한 척 내버려두는 행동의 밑바탕에는 '내 것'에 대한 강박이 있다. 어떻게든 내 것을 증명하고 싶은 거다. 내가 어질러서 영역을 표시해 둔 공간, 내가 망가뜨린 물건은 나만 쓸 수 있다. '티 내기' 강박은 보이지 않는 성벽으로 배타적인 공간을 만들어준다. 나는 그 속에서 편안하다.

간혹 아이들은 너무 갖고 싶지만 갖지 못하는 물건에 깨물거나 할퀴어 표시를 남기기도 한다. 소유욕의 발산이지만 옳은 표현 방법은 아니기 때문에 교정해야 한다. 그렇지만 나는 그 어린아이의 미숙한 마음이 이해가 된다. 미운 방법으로라도 자기의 영향력을 증명하고 싶은 것이다. 자기와 대상이 영향을 주고받은 흔적이 있으면 안심이 된다. 그 흔적이 상처라고 해도 그렇다. 상처지만 추억을 과장하여 특별한 관계를 만들 수 있으니까. 이 미숙함의 대상은 물건만이 아니다. 사람에게도 그대로 적용된다.

이 강박을 깨닫기 전에는 사람에게 일부러 상처를 주기도 했다. 특히 사랑하는 사람에게 '그 따위의' 방식으로 내 소유욕을 드러냈다. 데이트 후에 나를 집에 꼭 데려다주던 남자친구가 있었다. 그 남자친구는 피치 못할 사정으로 나를 집까지 데려다주지 못하면 무척 불편해했다. 나는 남자친구가 마음 쓰는 것을 알면서 전화에 대고 외로운 척, 서운한 척 했다. 혼자 오는 길에 호떡도 먹고 산책도 했으면서 그랬다. 그가 나를 배웅해주지 못한 일이 그에게 길이길이 남는 상처가 되기를 바랐다.

흠집을 내려고 마음먹고 덤비는 건 아니다. 그런 말이나 행동은 무의식중에 나온다. 말을 시작하려다가 '아차!'하는 경우가 많다. 그럴 때 내가 쓰는 방법은 "합!"이다. 나쁜 말, 상처 주는 말이 나오려 할 때, "합!"하고 두 손으로 입을 막고 말을 그친다. 실제 상황에서는 말만 그치는 것이 아니라 자연스럽게 몸도 뒤로 물러선다. 순간적으로 너무 부끄러워서 주저앉을 때도 있다. 부끄러워도 같은 상대에게 두어 번 하면 "합!"하기 전에 조심할 수 있다. 무의식적이었던 내 공격 포인트를 내가 알게 되기 때문이다.

강박은 괜히 강박이 아니다. 여전히 내 방, 책상, 책장은 적당히 엉망진창이다. 깔끔하지 않은 공간과 망가진 물건 덕분에 누구든 내 영역을 알아볼 수 있다. 내 강박은 그렇게 내 땅을 지킨다. 하지만 내게 상처받은 사람, 내가 할퀴고 물어뜯은 사람은 조금씩 줄어들고 있다.

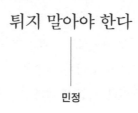

튀지 말아야 한다

민정

평범하게 사는 것이 가장 좋다

부모님은 평범하게 사는 것이 가장 좋다고 가르치셨다. 나에게 이상적인 삶의 기준은 평범이었다. 삶이라는 정규분포 그래프가 있다면 딱 가운데에 있고 싶었다. 20대 초까지 내가 상상한 평범한 어른은 가정을 이루어 자녀를 양육하고, 안정된 직장에서 꿈을 펼치며 열심히 일하는 모습이었다. 나도 대학을 졸업하면 직장을 다니면서 결혼을 하고 아이를 낳고 키우면서 살게될 줄 알았다. 그 그림이 너무 당연했다. 평생 무난하게 살 줄 알았다.

　　대학교 2학년 때 아빠의 사업이 무너지면서 삶은 평범의 궤도를 벗어났다. 낮에 일하면 밤에 잘 줄 알았는데 일을 많이 하려면 밤에 잠을 자지 않아도 시간이 모자랐다. 여름에는 당연히 가족 휴가를 가는 줄 알았는데, 돈과 시간이 없었다. 사는 게 바빴다. 바쁘니까 시간은 하루, 이틀 단위로 여유 있게 지나가지 않고 뭉텅뭉텅 흘러갔다. 한창 춥다가 어느 날 갑자기 봄이 되고, 금방 여름으로 바뀌었다. 내가 평범한 대학생이었던 때를 떠올리면 학교 축제 때 가수 김동률을 보고 반했던 날, 꽃이 피었다고 학교 뒷산 정자에서 수업을 하셨던 교수님 얼굴이 생생하게 기억난다. 그러나 그 이후 바쁘게 보낸 시간은 석사 시절, 회사 다니던 때 등으로 뭉뚱그려졌다. 언제 무슨 일이 있었는지 선명하지 않다.

　　비로소 평범하게 사는 것이 가장 좋다고 하셨던 부모님 말씀이 이해가 되었다. 평범하고 싶었다. 평범하려면 일상을 뒤흔드는 큰 사건, 사고가 없고, 몸과 마음이 건강해야 한다. 경제적으로 안정되어야 어제 같은 오늘을 지속할 수 있다. 마음을 나눌 좋은 친구도 필요하다. 그래야 화가 나서 남을 해코지하거나 슬퍼서 극단적인 선택을 하지 않고 삶의 희로애락에서 오는 충격을 평범하게 받아 넘길 수 있다.

평범하기는 참 어려웠다. 집안 형편이 어려워진 이후에는 내가 생각하는 평범한 삶의 조건을 꼽아보면서 많이 울었다. 바쁘게 일하느라 몇 시간 자지도 못했는데, 아까운 잠 잘 시간을 쪼개 울었다. 텔레비전에 싱그럽고 여유로운 얼굴을 한 '평범한' 젊은이가 나오면 채널을 돌렸다. 당시 내 눈에는 그런 젊은이를 포함해 텔레비전에 나오는 사람들이 다 행복해 보였다. 꼴보기 싫었다. 그래서 텔레비전을 안 봤다. 평범하겠다고 애를 쓰는데 잘 안 되니 급기야 온 세상이 고깝게 보였다. 나만 빼고 세상 사람 모두가 평범하게 잘 사는 것 같았다.

평범하고 싶어서 괴로웠다. 혼자 괴로움을 해결할 방법이 없었다. 그런데 평범 이하라고 생각했던 내 삶에 평범하지 않은 사람들이 있었다. 평범 이상으로 따뜻하고 현명한 가족과 교회 친구들이 있었다. 그들이 사랑으로 보듬어주어 외롭지 않았다. 잘 살고 있다고 응원해 주었다. 내 삶은 함량 미달이라 밥 한 그릇에 김칫거리도 못 되는 풀잎 몇 장 놓고 꾸역꾸역 먹어야 되는 밥상이라고, 교회 언니에게 한탄했던 날을 잊을 수 없다. 내 삶도 남들처럼 국이랑 고기반찬도 있는 맛있는 밥상이었으면 좋겠다고 했다. 언니는 "우리 민정이 밥상 비타민이었구나. 그래, 어쩐지 너 만나면 기분 좋더라."며 깔깔 웃어주었다. 밥상에 단백질 올리도록 같이 기도하자고 손을 잡아주었고, 맛있는 밥을 사 주었다.

평범하지 못해서 괴로운 줄 알았는데 아니었다. 내가 정한 평범한 삶의 기준에 내 열등감이 담겨서 괴로웠던 거였다. 내 마음대로 정한 평범의 범위는 손바닥만 했다. 세상이 아니라 내 열등감이 문제라서 다행이었다. 세상을 바꿀 수는 없지만 나는 바꿀 수 있으니까. 그러고 보니 학자금 대출 받으면서 학교 다니는 친구들이 많았다. 아르바이트 하면서 공부하는 사람들도 부지기수였다. 주어진 삶의 조건을 감내하며 최선을 다해 살아가는 사람은 각자 독특하고, 나름대로 평범했다. 모두에게 통하는 '평범한 삶'이 정해져 있지 않았다.

현재 나는 어렸을 때 생각했던 '평범'과 거리가 멀다. 40대이고 미혼이다. 하지만 지금은 예전에 생각했던 '평범'으로 나를 옥죄지 않아서 힘들지 않다. 단지 불편한 문제가 하나 있을 뿐이다. 튄다는 거다. 40대 미혼 여성은 평범하지 않아서 주목을 끈다. 내 결혼 문제에 관심을 갖는 사람이 많다. 심지어 처음 만난 사람도 내게 결혼에 대해 걱정이나 조언을 한다. 내 결혼 문제가 불필요한 이슈가 되는 게 귀찮아서 결혼한 척하고 싶을 때가 있지만 그 때문에 괴롭거나 슬프지 않다.

예전과는 다른 의미로 평범하게 살고 싶다. 일상에 특별한 일이 없기를 바라고 유난하고 싶지 않은 마음은 여전하다. 다른 사람들이 특별히 내 삶에 관심을 기울이지 않았으면 좋겠다. 거기에 새로운 평범을 보탠다. 지금은 평범하게 이해되는 친절을 베풀고, 예의를 지키며 삶을 잔잔하게 가꾸려고 노력한다. 평범이라는 좁고 완고한 기준을 만들고 거기에 내 삶을 가져다 놓으려 애쓸 때보다 훨씬 더 행복하다.

가만히 있는 터줏대감

부모님은 나와 동생을 평범하게 키우고 싶어 하셨고, 전반적으로는 성공하셨다. 나는 어디에서도 튀지 않겠다는 강박을 갖고 조용하게 살고 있으니 말이다. 눈에 잘 띄지 않고 내성적이라 이 강박은 나랑 잘 맞을 것 같다. 그런데 나의 신앙과 부딪히고 상황을 가리지 못하고 튀어나와 나를 괴롭힌다. 그래서 내가 생각하는 역할을 하지 못하고, 소중한 사람에게 상처를 준다.

튀지 않고 싶으니 좋아하는 사람 이외의 사람들에게 무관심하고 관계를 넓히지 않는다. 아는 사람이 많아지길 원하지 않는다. 지금 사랑하는 사람들도 잘 알지 못하는데 누구를 더 알아야 하나 싶고, 그 사람들에게도 잘하지 못 하는데 더 많은 사람을 알면 뭐하나 싶다. 내가 타인에게 관심을 갖는 것도, 타인이 내게 관심을 갖는 것도 모두 별로다. 그러니 새로운 사람을 만나기 싫어하거나 피하지는 않지만, 군이 찾아서 만나지 않는다. 교회나 학교와 같이 내가 간절히 필요로 하는 곳이 아니라면 어떤 모임이나 공동체에 소속되고 싶지 않다. 그래서 한 번 들어간 공동체에 오래 머문다. 오래도록 그냥 가만히 있는다.

이 '가만히 있기'에는 모순이 따라온다. 한곳에 가만히 있으니까 그곳의 터줏대감이 된다. 교회도 학교도 일터도 다 그렇다. 활발하게 활동하지 않지만 오래 있으니까 익숙한 사람이 된다. 그런데 나는 그 공동체에 속한 사람들을 잘 모른다. 나와 직접 관계가 없는 사람에게는 몽땅 무관심하다. 가끔 모르는 사람이 나를 알아보고 인사를 하는 경우가 있다. 그런 사람을 학교나 교회가 아닌 곳, 마을버스나 동네 길에서 마주치면 큰일이다. 상대가 인사를 하면 그때부터 이 사람이 학교 사람인지, 교회 사람인지 열심히 기억을 더듬으며 찾아야 한다. 때로는 속으로 발을 동동 구르면서 겉으로는 상냥함 넘치게 상대가 누구라도 통하는 날씨 이야기를 이어가기도 한다.

그런 주제에 역할에 대한 책임감은 있다. 내가 소속한 곳에서 새로운 사람들에게 친절한 원주민이 되어야 한다고 생각한다. 물론 생각한다고 잘 하는 건 아니다. 그렇지만 친절한 원주민이 되고 싶은 마음에 새로 오신 분들을 늘 의식하고 괴로워한다. 크리스천은 공동체를 사랑하기 때문에 더 그렇다. 생각이 없거나 잘 할 수 있거나 둘 중 하나면 좋겠다. 그 공동체에서 새로운 사람들을 맞이하는 역할을 맡는 게 차라리 낫다. 그렇지 않고 그저 친절한 원주민인 경우에는 만 번을 망설이고도 환영의 말이나 사랑의 행동 한 번을 못 할 때가 많다.

주목 받고 싶지 않고 가만히 있고 싶은 마음이 강한 탓에 내 애인들은 많이 괴로워했다. 학교나 교회에서 가만히 있다 보니 연애는 언제나 그 안에서 복작복작했다.

언니,
꼭
그래야 돼?

같은 공동체 안에서 연애를 하면 그 공동체 사람들에게 주목을 받고, 이래저래 입에 오르내리게 된다. 나는 그게 너무 싫었고 생각만으로도 힘들었다. 그래서 나와 애인이 함께 소속된 곳에서 공개 연애를 한 적이 없다. 교회 사람이면 학교 친구들에게, 학교 사람이면 교회 친구들에게 소개를 한 적은 있지만 그것도 흔쾌했던 적은 없다. 그래서 내 연인들은 힘들어했다. 매번 연애 때마다 이 문제가 첫 다툼이 되었다. 내가 애정하는 사람이 힘들어하는데도 끝까지 내 성향만 우겼다. 지금 생각하면 참 배려 없고 못났지만, 나를 아끼지 않는 사람이 사생활을 아는 것이 싫었다.

내 세상이 자그마했으면 좋겠다. 내가 좋아하는 사람들과만 행복하게 지내고 싶다. 나에게 애정이 없는 타인이 내 삶에 관심을 갖는 것은 그다지 유쾌하지 않다. 그런 관계를 최소화하여 조용하고 소소하게 살기를 원한다. 그렇다고 혼자 살고 싶은 것은 아니다. 심지어 사랑하고 사랑받는 공동체를 간절히 원하기도 한다. 그러니 앞뒤가 잘 맞물리지 않는다. 나는 조용히 있고 싶은 동시에 사회적인 인간이고 싶은데, 다른 사람들이 나의 이런 이상한 심리적 맷힘을 이해할 수는 없다. 동시에 추구하기 어려운 상반된 바람을 타인이 어떻게 배려하겠는가. 그건 찬찬히 잘 살피고 해결해야 할 나의 문제다.

인간의 심리사회적 발달 단계를 설명한 에릭슨은 노년에는 자아의 통합과 절망의 과업에 당면한다고 했다. 부디 노년에는 어긋나게 맞물린 개인적인 나와 사회적인 내가 곱게 통합되기를 바란다. 나는 조금 느린 사람이니 노년의 과업까지 성실하게 수행하려면 오래 살아야겠다.

2
———
가족

사랑해야 한다

민정

아빠를 닮고 싶지 않다

내 강박의 최고봉은 가족이다. 물론 가족에서 비롯
된 강박의 근원은 사랑이다. 사랑해서, 너무나 만족시
키고 싶은 마음이 커서, 정신분석학자인 라캉의 말대로
나는 사랑하는 대상인 가족의 욕망을 욕망한다. 그러나
내가 만족시켜주고 싶은 이들은 내가 아니다. 그들의
욕망을 온전히 이해할 수 없다. 그래서 사랑하는 이들
을 끊임없이 관찰하면서 그들이 무엇을 좋아하고 싫어
하는지를 탐색한다. 이런 생각과 행동 패턴은 강박적으

언니,
꼭
그래야 돼?

로 반복된다.

아무도 강요한 적이 없는데 혼자 굳은 결심을 하고 꼭 지키려는 행동 패턴 중 하나는 가족과 저녁 식사를 하는 것이다. 우리 가족은 시간을 함께 보내는 데 큰 의미를 둔다. 저녁을 꼭 함께 먹어야 한다는 규칙은 없지만 갑작스러운 저녁 약속은 최대한 피한다. 내게는 이것이 강박이다. 왜냐하면 나는 아빠를 닮았기 때문이다.

아빠는 호인이다. 아빠를 아는 사람들은 거의 대부분 아빠를 좋아한다. 아빠의 가까운 지인은 물론이고 어쩌다 아빠를 보는 사람들도 아빠를 좋아한다. 초등학교 때 살던 동네에서 아빠는 인기 만점이었다. 어른들은 엄마를 볼 때마다 바깥어른 점잖으시다고 칭찬을 했고, 동생과 나에게도 아빠가 참 좋으시다고 했다. 교회 집회에 초빙되어 오시는 목사님, 보고차 들르시는 선교사님처럼 잠깐 스쳐지나가는 분들도 김 집사님은 사람 참 좋다고들 하셨다. 우리 아빠는 전형적인 선데이 크리스천인데 말이다.

사람들만 아빠를 좋아한 것이 아니다. 아빠도 사람을 좋아했다. 아빠는 늘 바쁘셨다. 매일매일 저녁 약속이 있었고, 늦게 들어오셨다. 아빠 기준에서는 가족보다 다른 사람과의 약속이 더 중요했다. 타인과의 약속은 그때가 아니면 안 되지만 가족들은 언제나 함께 있기 때문이다. 그러니 가족들은 밤늦게야 아빠를 만날 수 있었고, 운이 나빠서 먼저 잠들면 하루 종일 아빠를 볼 수 없었다. 아빠는 동생과 내가 잠든 후에 귀가하셔도 방문을 열고 잠든 우리를 살펴보고 뽀뽀를 해 주셨지만 우리가 아빠의 우선순위에서 밀려난 느낌은 어쩔 수 없었다. 그게 너무 싫었다.

아빠를 닮은 나는 가족에 대한 우선순위를 헷갈리게 될까봐 신경이 쓰인다. 나는 외모, 식성, 성격 모두 아빠를 많이 닮았다. 엄마가 운전하실 때 옆에서 잔소리 한마디를 했더니 "어쩌면 네 아빠가 하셨던 말씀과 토씨하나 안 틀리고 똑같냐?"며 놀라셨다. 신경을 쓰지 않으면 아빠처럼 될 위험이 농후하다. 그래서 나의 강박은 가족을 우선순위에 두는 데 집중되어 있다.

가족을 우선순위에 두는 방법 중 하나는 가급적 저녁 약속을 하지 않는 것이다. 당일 예약도 안 된다. 우리 가족들은 이야기를 워낙 많이 나누기 때문에 서로의 일정을 거의 공유한다. 누가 언제 집을 나서고 돌아오는지를 알고 있다. 아빠만 빼고. 지금은 많이 달라졌지만 어쨌든 아빠는 자유로운 영혼이다. 그런 아빠를 닮은 나는 아빠처럼 자유롭게 행동하지 않기 위해 애를 쓴다. 가족들이 알고 있는 귀가 시간에는 기필코 집에 가려고 한다. 시간에 맞춰 집으로 가는 것이 내게는 약속이고 일정이다.

회사를 다닐 때는 출장이나 야근으로 이 강박을 펼치지 못하는 날이 많아서 힘들었다. 주중에는 업무 일정을 마음대로 조정하지 못해 약속한 시간에 귀가를 못하는 경우가 많았다. 괴로움이 쌓여갔다. 그러니 주말에는 하루 종일 아무 것도 하지 않고 가족들과 삼시 세끼를 챙겨 먹어야만 했다. 다른 사람은 나가도 괜찮지만 나는 집을 지켜야 했다. 일주일 내내 일하느라 약속한 때에 집에 오지 못했으니 주말에는 내가 가족들을 맞이해야 했다. 아무도 그렇게 하라고 말하지 않았다. 가족들은 내가 신경을 쓰고 있는 줄도 몰랐을 텐데 나는 꼭 그래야 할 것 같았다. 그래서 회사를 다니는 동안 친구를 거의 만날 수 없었다.

다정도 지나치면 병이고 사랑도 지나치면 병이다. 하물며 사랑이 못난 모양새, 그러니까 아빠를 닮지 않겠다는 불가능한 다짐의 모양새로 지나치면 그건 진짜 병이다.

가족끼리는 사랑해야만 해

　나의 가족은 대단히 이상적이다. 서로를 깊이 사랑하고 내가 사랑받는 존재라는 안정감을 준다. 상대방을 배려하기 위해 최선을 다한다. 게다가 유쾌하기까지 하다. 내 가족을 아는 사람들은 거의 다 우리를 부러워한다. 단언컨대 가족은 내가 받은 복 중에 최고의 복이다.

　'행복한 가족'에 대한 감사가 큰 만큼 이 행복을 변함없이 지키고 싶은 소망도 강렬하다. 그래서 우리 가족은 열심히 노력한다. 계속 말과 행동으로 사랑을 표현하는데, 이를테면 날마다 밤에 잠자리에 들기 전에 서로를 꼭 끌어안고 사랑한다고 말을 한다. 아침에 집을 나설 때에도 정해진 사랑의 인사가 있다. 이렇게 규칙적으로 사랑을 표현할 뿐만 아니라 일상에서도 사랑의 언어와 행동이 넘쳐난다. 엄마가 누워서 텔레비전을 보고 있으면 나는 그 앞을 지나면서 몸을 낮춰 어깨를 쓸어주거나 가벼운 볼뽀뽀를 한다. 엄마는 제일 좋아하는 프로그램을 보던 중이라도 내가 거실로 나오면 나에게로 시선을 돌린다. 나는 엄마를 방해하지 않으려고 눈빛으로 사랑의 화살을 쏜다. 그렇게 우리는 눈웃음을 교환한다. 아무튼 그냥 지나치는 일은 없다. 한 사람은 귀찮을 때가 있지만 둘 다 동시에 귀찮을 때는 드물기 때문이다. 다른 사람의 사랑 표현에 적극적으로 반응해야 한다는 암묵적인 규칙도 있다. 귀엽기 그지없는 내 가족의 '사랑해 강박'이다.

아빠의 사업이 망한 것은 가족의 '사랑해 강박'을 강화하는 엄청난 사건이었다. 여유롭고 안정된 일상이 깨지고 모든 것이 급격하게 변했다. 처음 겪는 가난에 대처할 방법을 몰라서 당황했고 슬펐고 힘들었다. 가족의 사랑만이 이 상황을 버틸 수 있는 힘이었다. 본래 '사랑해 강박'이 있던 우리 가족에게 가족의 사랑에 대한 절박함까지 생겼다.

가족을 향한 나의 사랑은 힘을 내야만 한다는 간절함을 만나 희한한 책임감을 덧입었다. 아빠가 돈 문제로 가족들에게 미안해하시니 안쓰러웠다. 부잣집 막내딸로 자라 곱디 고운 엄마가 어떻게든지 자식들에게는 모자라지 않게 해 주려고 애쓰시는 모습도 슬펐다. 그래서 더 씩씩하게 살아야겠다고 마음먹었다. 애써서 힘차게 살아내느라 내 안에 원망과 짜증이 있는 줄을 몰랐다. 최선을 다해 씩씩하고 싶었고, 동생에게는 잘해주고 싶었다.

동생이 가난을 겪는데 해줄 수 있는 게 별로 없어서 미안했다. 동생보다 먼저 태어난 덕분에 몇 년이나 더 풍족함을 누린 것이 괜히 죄스러웠다.

그 상황이 나의 책임감으로 해결될 리 만무했다. 그래도 어쩔 수 없었다. 나는 사랑에 더해진 책임감의 강박에 갇혀 미친 듯이 일했다. 대학생 시절, 서울에서 경기도까지 먼 곳도 마다않고 다니며 밤낮 없이 과외를 했다. 눈코 뜰 새 없이 바빴지만 돈 버느라 공부를 못하는 것은 싫었다. 자존심 상하기도 했고 가족들이 괜히 내 눈치를 볼까 봐 신경이 쓰이기도 했다. 그래서 열심히 공부했다. 이전까지는 열심히 공부하는 학생은 아니었는데, 석사 때는 기를 쓰고 아등바등 굴어서 모든 학기에 장학금을 받았다. 그렇게 강박은 나를 몰아세웠다. 가족에 대한 사랑에서 출발했지만 결과적으로는 책임감만 남았다.

결국 나는 아파버렸다. 면역력이 떨어진 상태에서 석사 논문을 준비하느라 스트레스를 받은 것이 화근이었다. 어렸을 때 맞았던 예방 주사의 균을 이기지 못해 수두에 걸렸다. 혈압이 많이 떨어져서 약을 먹어도 되는지 판가름할 수 없어 약도 제대로 먹지 못했다. 열이 오르고 내리기를 반복하고 정신이 왔다갔다하는 상황 속에서 무엇을 잘못했는지 알게 되었다. 나는 아파서 가족들에게 걱정을 끼쳤고, 책임감에 똘똘 뭉쳐 무리하면서 가족들에게 죄책감의 짐을 지웠다. 사랑해서 한 행동이었지만 결과적으로 사랑에 더해진 강박은 사랑하는 사람들을 불편하게 했다. 시간이 지나 열이 좀 가라앉고 밥도 먹고 사람처럼 움직일 수 있게 되었다. 그렇지만 수두는 법정 전염병이어서 한동안 어쩔 수 없이 집 안에 갇혀 쉬어야 했다. 덕분에 생각을 정리할 시간을 벌었다. 체력이 감당하지 못할 정도로 무리하게 일하지 않기로 했다.

　　나는 비로소 가족들이 모두 각자의 방법으로 최선을 다하고 있다는 것을 인정할 수 있었다. 가족을 향한 아빠의 사랑을 긍정하고, 아빠의 감정을 그대로 받아들이고 최선을 다해 이해하려고 애썼다. 궁상맞게만 보였던 엄마의 노력에 진심으로 감사하게 되었다. 엄마가 천 원을 아끼겠다고 한여름에 버스를 타지 않고 걸어다녔던 이유는 천 원이라도 자식들에게 더 쓰고 싶어서였다. 동생을 어린애 취급하며 안고 싸고 불면 날아갈까 쥐면 터질까 전전긍긍하던 마음을 내려놓았다. 동생이 주어진 상황에 최선을 다해 어른스럽게 대처하고 있는 것이 제대로 보였다. 동생은 성인이었다.

사랑은 사랑이다. 행복한 가정은 분명 감사이고, 가정의 행복을 지키기 위한 사랑의 수고는 아름답다. 내 강박을 사랑으로 착각하지만 않으면 된다. 그래도 여전히 사랑인 척 끼어드는 책임감의 강박이 남아있다. 한 번 가봤던 흔적이 남은 길이니 또다시 비가 내리면 그 길로 물이 흐를 수 있다. 그렇지만 이제는 물이 그쪽으로 흐르면 다른 쪽으로 길을 터줄 줄 안다. 진실한 사랑은 사랑인 척하는 못된 강박이 휘두르는 주먹질을 다독인다.

완전한 사랑을 받고 싶은 욕망

내가 받은 복을 다 모아서 이름을 붙이면 '사람의 복'이다. 나는 어디에서건 좋은 사람을 만난다. 낯선 동네에서 지나가던 어르신께 지하철역을 여쭈었더니 "나도 운동 좀 할 생각이었다."며 지하철역까지 동행해 주셨다. 내 인복은 이 정도다.

친구들은 내가 좋아하는 사람 뿐에 없고, 친구들도 나를 좋아한다. 마음이 맞지 않으면 같이 안 놀면 그만이다. 진정한 사람의 복은 내 마음대로 사람을 가릴 수 없는 일터나 학교 같은 곳에서 확인된다. 나는 그곳에서도 좋은 사람들을 만나고 사랑하고 사랑받으며 행복하게 지낸다. 특별히 노력을 하거나 주의를 기울이지 않는데 언제나 이런 것을 보면 타고난 복이라고 밖에 설명할 수 없다.

사람의 복은 많지만, 이 복이 비켜가는 대상이 딱 하나 있다. 애인이다. 나는 이성을, 특히 콕 찍어 한 사람의 이성을 사랑하는 것은 잘 못한다. 사랑에 대한 강박 때문이다. 강박은 비정상적이고 자신조차 이해하기 어렵다. 강박을 꺼내면 부끄럽다. 타인에게 설명하기 힘들고 설명해도 이해 받을 수 없으리라는 생각에 외로워진다. 내가 원치 않는 방식으로 생각이 흘러가고 말이나 행동이 나와 버린다. 내가 봐도 별로인 나의 모습이라 남이 보지 않았으면, 보더라도 모른 척 했으면 싶다. 그래서 나는 사랑에 대한 강박을 고백하는 글을 쓰면서 내내 부끄러움, 망설임과 싸웠다. 말이 되게 설명하고 싶지만 나 스스로도 이해가 잘 안 됐다. 그래서 서론이 이렇게 길다.

좋은 사람을 만나는 복을 받았고 사랑하고 사랑받는 관계를 형성할 줄 알지만 이성과의 관계는 어렵다. 가족이나 친구와의 사랑은 기쁘고 감사한데, 이성과의 사랑은 그렇지 않다. 상대가 가족이든 친구든 애인이든 사랑은 언제나 오래 참고, 온유하며, 시기하지 않으며, 진리와 함께 기뻐하는 것(고린도전서 13장)이다. 사랑은 달라지지 않는다. 내 태도가 다르다. 가족이나 친구들과는 완전한 사랑을 향해 나아가는 과정이 좋다. 현재는 오래 참지 못하고, 온유하지 못해 오해하고, 다툴 수 있다. 하지만 우리는 함께 성장하리라 믿는다. 완전한 사랑으로 가는 여정에 동행하는 상대가 고맙다. 그런데 애인에게는 그런 감사가 생기지 않는다. 애인과는 사랑의 과정을 함께 겪을 수 없다. 그와는 언제나 오래 참고, 온유하며, 시기하지 않으며, 진리와 함께 기뻐하는 사랑의 완성형을 누려야 한다. 하지만 나도 그런 사랑은 못하고, 그런 사랑을 주는 사람도 없을 것 같다. 아무리 노력해도 사랑은 내 능력 밖이다. 가질 수 없다면 원하지도 않아야 한다.

나는 사랑하고 사랑받는 관계를 좋아한다. 하지만 남자랑은 싫다. 여자랑은 좋다는 게 아니라 이성적인 사랑은 불가능하다는 말이다. 사랑에 대한 나의 강박은 '완전'이다. 완전하게 사랑하겠다는 강박보다 완전하게 사랑 받지 못하면 안 된다는 강박이 훨씬 크다. 가족들처럼 어떤 경우에도 나를 떠나지 않고, 함께 있음을 행복해하고, 나의 성향을 배려하는 것이 일상인 사랑. 그런 사랑을 하고 싶다고 쓰고 싶지만, 솔직히 말하면 그런 사랑을 '받고' 싶다. 나는 그런 사랑을 못하지만 '너'는 '나'를 완전히 사랑했으면 좋겠다.

너무 유아적인 욕망이다. 나도 안다. 완전한 사랑을 주기만 하는 사람은 당연히 없다. 없어야 마땅하다. 만일 있다면 그는 사람이 아니라 신이다.

완전한 사랑을 받고 싶은 사람의 연애

강박은 내 것이어야 행동에 옮길 수 있다. 그런데 완전한 사랑을 받고 싶은 것은 내 욕망이지만, 그 욕망은 남이 채워주어야 하므로 내가 어찌할 수 없다. 그래서 나는 미성숙하게 움직인다. 어렸을 때는 애인을 잘 만났고 잘 헤어졌다. 패턴은 늘 똑같았다. 사귀기 전까지 나의 마음이 열리도록 최선을 다 해 주는 상대에게 감사한다. 새로운 관계가 시작되면 사랑을 받는 동안 행복해한다. 상대가 사랑을 부어주는 기간이 끝나면 "역시 이 사람도 똑같군."하며 절레절레 고개를 내젓고 헤어진다.

그냥 헤어지지도 않는다. 강박적으로 솔직한데다가 말은 또 잘해서 상대가 부어주는 사랑의 색깔이 달라질 때부터 헤어질 때까지 온갖 못되고 아픈 말을 상냥하고 예쁘게 쏘아댄다. 나쁜 말은 한 마디도 없지만 듣는 사람은 '아, 내가 나쁜 사람이구나.' 하고 느끼도록 한다. 결국 관계가 깨어지더라도 내 탓은 아니게 밑작업을 한다.

　나는 애인에게 사랑한다는 말을 한 적이 없다. "나 치즈 케이크 진짜 사랑해."라고 맛있는 케이크에도 쉽게 사랑을 고백하면서 말이다. 결혼식 때 남편에게만 그 말을 할 거라며 '사랑'이라는 단어에 큰 의미를 부여하는 척, 결혼에 대한 로망이 있는 척했다. 사실은 어차피 변할 인간이고 안 될 사랑이니까 사랑한다는 말을 안 했다. 결혼하자고 하는 것도 싫었다. 언제나 한결같이 아름답지 못할 관계니까. 다행히 그들 중 대부분은 건강하고 단단한 사람들이었다. 부족한 나를 멋지게 사랑해주었다. 대부분의 그들에게는 참 감사하고 죄송하다. 내가 만났던 모두에게 그런 것은 아니다. 감사는 개뿔, 만났던 것이 후회되고 함께 보낸 시간이 아까운 사람도 있다.

　나이가 들어서는 연애를 하지 않는다. 욕망의 좌절이 반복되면 욕망하지 않는 것이 합당한 방어기제라서 그렇다. 활발한 성격이 아니라서 새로운 사람을 만날 일이 없고, 내가 속한 공동체에서 만날 수 있는 사람은 이미 다 만났다. 한때는 소개도 받았지만 강박적인 두려움으로 마음을 열기 어려웠다. 내 남자가 아닌 사람에게는 완전한 사랑에 대한 기대가 없으니, 소개를 받아 만나고 얘기 나누는 것까지는 문제가 없었다. 그러나 그를 나의 남자로 생각하면 얘기가 달라졌다. 상대를 온전히 신뢰하지 못할 수도 있겠다는 아주아주 사소한 단서라도 발견하면 "역시 이 사람도 똑같군." 하고 재빨리 자리를 정돈했다.

그 '아주아주 사소한 단서'의 사소함은 이런 것이다. 음식점에 들어가면서 자기만 쏙 들어가고 문을 안 잡아주는 딱 한 번, 결혼하면 휴일에 가만히 있고 싶다는 딱 한 마디, 그 사람의 최우선 순위가 내가 아니라고 느끼는 딱 한 순간. 그런 사소한 한 번으로 나는 달팽이집 속으로 쏙 들어간다. 친구들은 "옛날 너의 남자들이 너무 잘해줘서 네 버릇이 나빠졌다."라고 하는데, 나는 안다. 그냥 무섭다. 그래서 연애를 못한다.

완전한 사랑을 받고 싶은 병의 치료

　완전한 사랑을 받아야 하는 강박이 아주 변태적으로 튀어나오려 해서 깜짝 놀랐던 적도 있다. 아니, '완전한 사랑'을 '받아야 하는' 강박이라니. 희한한 말이다.

　우리 가족은 서로 사랑한다. 그 중에서도 나는 동생과 각별하다. 흔한 말로 동생 '덕후'다. 나는 동생을 좋아한다. 주변 사람들은 모두 한 번도 본 적 없는 내 동생의 이름을 알고 있다. 하도 말을 많이 해서 그렇다. 동생이랑 통화하는 것을 보고 애인이냐고 물어보는 사람들도 있다. 얼굴이 환해진다며.

　동생은 내가 원하는 '완벽한' 사랑을 주는 사람이다. 변치 않는다는 믿음을 주고 언제나 나를 사랑하고 배려한다. 동생을 향해서는 마음껏 사랑을 표현해도 무안할 일이 없다. 쿵짝이 잘 맞고 무엇이든 함께 할 수 있다. 동생과의 관계에서 나는 외롭지 않고 내가 동생을 외롭게 하지도 않는다. 그래서 어느 날, 사람을 소개받고, 소개받은 그 자리에서 아주아주 사소한 단서를 발견해 버린 날, 집에 와서 동생에게 말해 버렸다. "동생, 지금부터 할 말이 건강하지 않다는 걸 알아. 알지만 해도 돼? 나는 네가 결혼 안 한다는 약속을 해 주면 좋겠다고 생각할 때가 있어. 그러면 나는 마음 편하게 아무도 안 만나도 되는데."라고. 동생은 총명해서 이런 나의 찌그러진 부분을 무작정 받아주지 않았다. 우리는 서로에게 가장 익숙하고 진심으로 사랑하는 사이지만 이건 아니라고 했다. 수십 년간 함께 하며 서로를 이해하고 조정해 쌓아 온 유대감을 기준으로 다른 사람을 보아서는 안 된다고 충고했다. 내가 자기에게로 피하려고 하면 우리의 자매 관계도 건강하지 못하게 되니 그러지 말라고 했다. 맞는 말이었다.

구구절절 옳았다. 이 비뚤어진 강박적인 욕망이 애인 한정으로만 발현되니까 그나마 다행이었다. 내가 이런 줄 몰랐을 때는 나의 '그'가 문제인 줄 알고 다른 사람을 만나면 된다고 생각했다. 어리석었다. 1센티미터쯤 자라서 보니 문제는 나였다. 그 뒤로 내 어리광이 폭발하는 꼴을 보기 싫으면 연애를 안 하면 된다고 생각했다. 역시 어리석었다. 그렇게 해서는 어리게 구는 나를 보호할 수 있을지 몰라도 성장할 수 없다. 영아들도 때가 되면 뒤집고, 기고, 서려고 애쓰는데, 이 나이를 먹고서 뒤집으려면 힘드니까 가만히 천장만 보고 누워있겠다고 하는 것 같아서 모양빠진다.

　문제를 해결하기 위해 아동학 이론을 잘라 붙여서, 어린 시절에 내게 새겨진 아버지 상을 분석하고 비뚤어진 생각이 고착된 시기를 탐색하여 지금의 나를 해석할 수 있다. 이런 분석과 해석이 도움이 되기도 한다. 하지만 나의 경우는 아니다. 나는 나를 보호하고 싶은 마음이 크기 때문이다. 이론적 접근, 분석적 자기 고찰이 내 강점이라, 내 강점을 무기삼아 나를 변명하려 들 것이다. 내가 성장하기는커녕 남 탓을 하게 될 위험이 있다.

　나는 말이 안 되는 강박으로 못나게 굴고 있다. 답을 찾는 척 한참 써 놨지만 모두 답이 아닌 것을 알고 있다. 오답을 안다고 정답을 아는 것은 아닌데, 심지어 나는 정답도 이미 안다. 두려움을 이기고 사랑을 해야 한다. 나를 어디까지 받아줄 수 있는지를 시험하느라 일부러 긁어보고 건드려보는 어린아이 같은 짓 말고 상대의 존재 자체를 기뻐하고 감사하는 사랑을 해야 한다. 따지고 보면 못할 이유가 없다. 그런 사랑의 본을 보았으니까. 신적 사랑에 잠겨 있고, 가족을 통해 사랑받고 사랑하는 구체적인 순간순간을 누린다. 그러니까 두렵다고, 이건 내 강박이니 어쩔 수 없다고 가만히 있는 건 유치하다. 아는데 안 되니까 슬프다. 그렇지만 해야 한다. 실체가 없는 '완전한 사랑'을 소망하고, 받고만 싶어 하는 미성숙한 인간으로 사느라 안 해도 될 고생을 할 필요가 없다. 자라면 된다. 그렇다. 할 수 있을지는 모르겠다. 그렇더라도 시도해야 한다. 두려움을 이기고 사랑을 해야 한다.

조용해야 한다

혜덕

나는 아이가 셋이다. 아이 셋을 키우니 집은 조용할 날이 없다. 아이들은 상대를 바꿔가면서 개인전으로 혹은 단체전으로 다툰다. 일단 티격태격 옥신각신으로 시작한다. 그러다가 목청을 높여 날 선 대화를 주고받는다. 싸우지 않는 날은 조용할 것 같지만 오히려 더 시끄럽다. 어쩌다 셋이 의기투합하면 신이 나 소리를 질러댄다. 집이 아파트 1층인 덕분에 아이들은 층간소음 스트레스를 받지 않고 맘껏 뛰어논다. 심지어 역할을 분담해 야구를 한다. 하나는 던지고 또 하나는 치고 나머지 하나는 달린다. 이런 육아 전쟁터에서 음악 감상 같은 내 취미 따위

언니,
꼭
그래야 돼?

는 봉인될 수밖에 없다. 음악에 소음을 섞어 들을 수는 없으니까.

아이들 셋 중에서 특히 둘째의 목소리는 지치지 않는 고음이다. 제발 한 톤 내려달라고 정중히 부탁해도 그녀는 톤을 내린다는 말을 이해하지 못한다. 힘을 빼고 말해보라 권했더니 쉰 소리를 낸다. 참다 참다 "딸아, 꼭 필요한 말이 아니면 종이에 적어주련?"하고 최후통첩을 건넨다. 말해놓고 보니 신데렐라의 못된 새어머니로 빙의한 듯해 마음이 살짝 불편하다. 불편한 만큼 좀 더 참아본다. 그러다 결국 귓가의 피로감이 정점에 도달하는 순간, 나는 빽 소리를 지르고 만다. "아 진짜, 좀 조용히 하라고!"

주말 오후, 자식 셋과 남편에 나까지 가족 전원이 간만에 모여 밥을 먹었다. 온 가족이 식탁에 둘러앉았는데 나와 아들은 금세 얼굴이 찌푸려졌다. "쩝쩝 소리 좀 안 내고 먹을 수 없어?" 사춘기 절정인 중학생 아들이 희고 긴 손가락으로 우아하게 지리 멸치 볶음을 집으며 툴툴댔다. 나는 아들의 볼멘소리에 자분자분 화답했다. "네가 좀 참아. 소리를 내면서 밥을 먹는 분들은 자기들이 소리를 낸다는 걸 모르느니." 말을 맺을 때쯤 아차 싶었다. 남편 표정을 살폈다.

이에 '쩝쩝파'도 참지 않았다. "왜 나랑 아빠한테만 뭐라고 하는데? 엄마랑 오빠가 예민한 거야." 딸은 볼멘소리로 오빠와 엄마의 불평을 받아쳤다. 남편은 수도 없이 내게 들은 말이지만 또 들으니 새삼 기분 나쁘다는 표정이고, 막내는 아무 생각 없이 쩝쩝, 오리고기를 더욱 경쾌하게 씹어댔다. 아, 세상엔 참 평화 없어라. 이 모든 소음에서 벗어나고자 머릿속으로 비발디의 노래 「세상엔 참 평화 없어라」를 반복 재생시켰다. 밥을 먹을 때만 손이 세 개면 좋겠다. 두 손으로는 귀를 막고 나머지 한 손으로 밥을 먹게.

살아있는 것은 소리를 낸다. 소리가 없으면 죽은 것이다. 가족이 함께 사는 집은 쥐 죽은 듯 조용할 수 없다. 원초적으로 불가능하다. 그런데도 내 무의식 어딘가에는 집은 마음 편히 쉬는 곳이니, 집에서 안식을 누리자는 생각이 있다. 이 생각은 내 주부 업무와 연결된다. 험한 세상살이에 지친 식구들이 쉴 수 있는 조용하고 쾌적하고 아늑한 물리적 공간과 분위기를 꾸릴 책임은 주부이며 엄마이자 아내인 내게 있는 것 같다.

모두 잠든 밤에 우는 아기를 재울 사람, 간식 달라

준비물 챙겨 달라, 틀린 수학 문제 봐 달라는 아이들의
요청에 응답해 줄 사람은 나였다. 태초에 화장실 수건장
이 있었고 그 수건장에 은은한 세제 향이 나는 수건을 채
워 "나 수건 좀!" 하는 외침이 나오지 않도록 할 사람도
나였다. 가족들은 각종 민원 사항을 처리해 달라고 나를
부르니 이 집을 고요하고 잔잔한 호숫가로 만들 사람은
나라는 생각이 들었다. 자청한 적이 없는데도 어느 날 눈
을 떠 보니 그 짐은 내게 지워져 있었다. 가족을 위한 마
음과 부담은 슬그머니 강박으로 바뀌었다.

나는 청력이 예민한 편이라 작은 소음에도 피로를
느끼곤 한다. 아이러니하게도 조용한 집에서 살고 싶은
사람은 가족 중에서 나뿐인 듯하다. 나를 제외한 식구
들은 주말 오후 내내 텔레비전의 예능 프로그램 소리를
BGM 삼아도 불편하지 않은가 보다. 그나마 나와 성향
이 비슷해 내 편으로 포섭했다고 생각한 중학생 아들마
저 스마트폰으로 게임방송 소리를 섞는다.

내 마음을 자세히 들여다보니 집은 조용해야 한다
는 강박 밑에 조용한 환경을 좋아하는 내 성향이 숨어 있
었다. 그 욕구는 가족들에게 존중받지 못했고 엽기적으
로 강박과 결합해 귀를 더욱 곤두서게 했다.

귀와 마음에 평화가 머물게 하려면 식구들이 만들어내는 소음을 그러려니 하고 넘기면서 조용하고 쾌적한 집을 제공해야 한다는 강박을 덜어내야 했다. 위층 남의 식구가 아닌 같은 층 내 식구를 고소하지 않으려면 그래야만 했다. 다행히 지금은 집에만 머물지 않고 일을 하기 위해 밖으로 나갈 수 있다. 조용하지는 않아도 두 다리 뻗고 쉴 수 있는 안식처인 집으로 다시 돌아오게 된 날부터 홈 스위트 홈 관리자의 강박에서 서서히 벗어날 수 있었다. 아이들이 가사노동에 참여하고 주말에 남편이 주방을 맡은 뒤로는 귀도 마음도 훨씬 편안해졌다.

　　아이들이 성인이 되고 집을 떠나면 집은 지금보다 훨씬 조용해질 것이다. 그때쯤이면 이 강박의 외침도 건강검진 할 때 청력 검사실에서 눈 감고 듣는 '삐-' 소리만큼 작아져 있으리라 기대한다.

언니,
꼭
그래야 돼?

정리해야 한다

혜덕

정리는 나의 힘

눈 뜨면 달려야 한다. 자식들 입에 사과라도 한 쪽 넣어 주고 나도 사람 꼴을 갖추고 나면 바로 뛰어야 한다. 막내를 달래며 현관을 나서는데 피아노 위에 쌓여있는 수건과 옷가지가 눈에 들어온다. 그냥 뛰어나갈지 말지 몇 초간 고민한다. 전날 저녁 애써 반듯하게 갰던 속옷들은 한데 뒤섞여 서랍에 쑤셔 박힌다. 집 현관문을 닫고 어린이집 들르고 지하철에 끼어 사람들의 체취와 온기를 필요 이상 느끼다가 학교에 도착해도 한숨 돌리기는 아직 이르다. 세 시간을 이어서 수업하고 점심을 먹은 뒤 약간 나른해지니 그제서야 속옷 서랍이 떠오른다. 오늘 지구가 멸망한다고 해도 속옷 서랍을 정리했어야 하는데.

나에게는 물건 정리의 강박이 있다. 내가 머무는 곳은 어디든 정리가 되어 있어야 한다. 정리된 상태를 좋아하는 수준 이상이다. 정리되지 않으면 불쾌하고 짜증이 난다. 앞에서 설명한 '집은 조용해야 한다'는 강박과 비슷하다. 수직선과 수평선이 교차하는 몬드리안의 그림 「빨강, 파랑, 노랑의 구성」 같은 세계에서 살고 싶다.

정리의 달인 곤도 마리에는 유치원 다닐 때부터 정리를 깨쳤다지만 나는 정리 신동은 아니었다. 초등학교 고학년 즈음 엄마에게 정리를 배웠다. 엄마는 제각각인 것들을 분류하는 법(책상 서랍), 물건을 보기 좋게 놓으면서 청소는 쉽게 하는 법(책장), 한 개 이상의 물건을 접어서 겹쳐 쌓는 법(옷 서랍과 이불장) 등의 정리 노하우를 가르쳐 주었다. 엄마에게 배운 대로 정리를 하다 보면 이 어지러운 세상에서 나름의 질서를 유지하며 평화롭게 살수 있을 것만 같았다. 물건에는 발이 달리지 않았으니, 지진이 나지 않는 한 내 물건들은 제 자리를 지킬 테니까.

언니,
꼭
그래야 돼?

정리는 유익하다. 무엇이 어디에 있는지 파악하고 있으면 작업 효율이 높아진다. 이다 못해 쉬어버린 파김치 꼴로 퇴근해서 밥 달라는 아이들에게 30분 안에 저녁밥을 먹이는 힘은 기본적인 정리에서 나온다. 개수대에 쌓인 설거짓거리가 없고, 볶든 굽든 튀기든 어떤 종목이든 받쳐 줄 도구들이 제자리에 있으면 조리 시간이 단축된다. 정리는 나의 생존 비결이다.

정리는 나의 힘인데 그 힘이 강박으로 변질된 이유가 있다. 정리에 대한 과도한 가치 부여다. 나는 정리된 상태가 어질러진 상태보다 더 좋은 상태라고 생각한다. 한 걸음 더 나아가 정리를 절대 선으로 여기고 상황과 환경에 상관없이 항상 정리된 공간에 있고 싶어한다. 몬드리안이 직선과 직각, 삼원색과 무채색만으로 그림을 그린 것은 변하지 않으면서 단순하고 규칙적인 아름다움을 표현하려는 생각 때문이었다고 한다. 나에게도 그런 면이 있다. 각 잡힌 세상은 아름답다.

그러나 서랍 안에 반듯하게 놓인 물건들 사이에 평화가 깃든 적은 어린 시절뿐이었다. 결혼을 하니 내 물건과 남편의 물건이 섞이기 시작했다. 책상 위에 책과 필기도구, 자잘한 물건들이 한가득 쌓여있으면 편안하다는 남자와 살게 될 줄 몰랐다. 빨래를 개켜서 남편 속옷 서랍에 양말, 팬티, 러닝셔츠를 종류별로 줄맞춰 넣고 며칠 뒤 다시 열어보면 온통 뒤죽박죽이었다. 이건 뭐지? 남편과 나는 둘 다 책을 좋아해서 책이 꽤 많았다. 거실 벽 한 면에 책장을 짜 넣었는데 그래도 자리가 부족했다. 남편은 뭐가 부족하냐며, 세로로 꽂은 책들 위에 다시 가로로 책을 얹었다. "잠깐! 그건 별로야. 보기에 안 좋잖아. 정리는 보기 좋게 하는 거라고." 이러니 사사건건 부딪힐 수밖에 없었다.

아이가 한 명씩 태어날 때마다 물건들은 순식간에 불어났다. 아이들은 정리의 파괴자들이었다. 내가 만족할 만한 수준으로 집을 정리하기는 거의 불가능했다. 아이들은 눈 뜬 순간부터 잠들기 전까지 가만히 있지 않았다. 한 가지 놀잇감을 가지고 논 뒤에는 정리하고 다른 놀잇감을 꺼내면 좋겠는데, 그럴 수는 없었다. 정리 교관이 되어 아이들 옆에 딱 붙어 있으면 밥은 누가 하나? 정리를 포기하면 되는데 안 되는 거다. 집을 정리할 책임은 나에게 있다고 생각했다. 정리를 할 줄 아는 사람은 나뿐이니까 더욱 그렇게 여겼다. 한숨을 쉬면서 바구니에 장난감을 주워 담고 또 담았다.

정리된 세계에서 살고 싶어하지만 나는 정리에 붙어있는 정적이고 차분한 이미지와는 거리가 멀다. 손끝이 야무지지 못하고 성질은 급하니 뭐든 대충 적당히 처리해 치워버리곤 한다. 그래서 정리 강박만 있고 청소 강박은 없는 것 같다. 열과 성을 다해 냄비 얼룩이나 화장실 욕조 물때를 박박 닦지 않는다. 얼마나 다행인지. 만약에 그랬다면 주방 타일 기름때를 닦다가 쓰러져 구급차를 탔을지도 모른다.

물건뿐 아니라 생각도 정리하고 싶다

　　물리적인 세계와 정신적인 세계는 보이지 않는 끈으로 연결되어 있다. 물건 정리에 집착하다 보니 다양한 변수와 돌발 상황을 받아들이기가 어려웠다. 반대 방향의 추론도 가능하다. 예측하기 어려운 삶을 살다 보니 물건을 정리하는 과정에서 평안을 느끼게 된 건 아니었을까 싶기도 하다. 선후 관계가 어찌 되었든 물건 정리 강박이 생각 정리 강박에 비하면 애교 수준이라는 것이 중요하다.

과거는 돌이킬 수 없다. 미래는 닥치지도 않았으니 실체가 없다. 오직 아침에 눈 떠서 맞는 하루를 살아낼 뿐이다. 그 하루 동안 주어지는 복잡다단한 삶의 과제를 해결하려면 생각을 정리해야 한다. 회피하면 잠깐 숨은 쉴 수 있을 뿐 근본적인 문제 해결과 거리가 멀다.

생각에는 방향이 있다. 등을 밀어주며 앞으로 나가게 하는 진취적인 생각이 있고 발목을 맥없이 풀리게 하는 퇴보적인 생각도 있다. 주어진 상황을 해석하면서 어떤 방향으로 생각을 정리하느냐에 따라 도착 지점이 달라진다. 학생 때는 꽤 씩씩했고 직장 생활을 할 때도 문제를 잘 해결하는 편이었다. 그런데 아이를 키우면서 그동안 나아갔던 방향과 반대로 생각하게 되었다. 앞으로 나가지 못하고 뒷걸음질을 치게 되니 나의 바람은 사라지고 주위의 요구는 더 크게 부각되었다. 생각은 제자리에서 맴돌다가 정리에 정리를 거듭하며 딱딱해졌다. 최종적으로는 '엄마는 아이를 위해 당연히 희생한다.' 같은 명제의 형태로 정리되었다.

결혼 전부터 첫째 아이를 낳기 전까지 나는 부산의 한 대안학교에서 교사로 일했다. 동료 선생님들은 개교한 지 얼마 되지 않은 학교의 재정적 어려움을 함께 짊어지려고 기간제 교사로 근무했다. 나도 마찬가지였다. 출산, 육아 휴직을 얻을 수 있는 신분이 아니었으니 임신 사실을 알았을 때부터 생각을 정리해 나갔다. '아이를 낳고 키우는 일은 세상에서 제일 귀중하고 의미 있는 일이야, 그러니 더 일할 수 없더라도 괜찮아.' 그렇게 아이를 출산하면서 엄마이자 전업주부가 되었다.

둘째 아이가 22개월이 되었을 때 다시 출근할 기회가 주어졌다. 대학 부설 연구소에서 연구원으로 일했다. 다시 일하게 된 기쁨은 무척 컸지만, 육아와 가사의 부담은 점점 어깨를 짓눌렀다. 저녁을 먹고 설거지를 마치고 나면 그날의 마지막 기운까지 죄다 빠져나갔다. 아이들 옆에 잠시 누웠다가 눈을 뜨면 아침인 날들이 반복되었다. 좋은 분들과 즐겁게 일하는데도 출퇴근길을 오가는 걸음은 점차 무거워졌다. 일과 육아 사이에서 하나만 선택한다면 육아일 수밖에 없었다. 다이아몬드처럼 단단하고 빛나는 문장이 머릿속에서 이미 그렇게 말하고 있었다.

정규직이었던 남편은 야근을 밥 먹듯 했다. 아침 일찍 나갔다가 저녁 늦게 돌아온 사람에게 도움을 요청할 수가 없었다. 그는 그 나름대로 버거워 보였다. 맞벌이하는 다른 집처럼 아이를 돌봐주시는 이모님을 구할까 싶어 계산기를 두드려보았다. 이모님 월급을 드리고 나면 남는 것이 별로 없었다. 이모님 월급 드리려고 일하러 나가는 셈이니, 경제 논리로 따져도 내가 일을 그만두고 집을 지키는 것이 답이었다. 이미 생각 정리의 강박이 다져 놓은 방향을 돌릴 방법이 없었다.

연구소에 마지막으로 출근했던 날도 퇴근해 저녁을 지어 먹고 장난감을 주워 담았다. 이튿날부터는 더 자주 장난감을 정리했다. 아이가 학교에 들어가면서 한 가지 부담이 추가되었다. 학부모가 되니 아이 공부를 봐주어야 했다. 정리된 생각은 다른 여지를 허락하지 않았다. 한석봉 엄마도 아닌데 "나는 장난감을 주워 담을 테니 너는 영어 숙제를 하도록 하여라."라고 말하게 되었다.

정리를 포기하다

살아온 나날을 돌아보면 아무리 애를 써도 정리가 되지 않는 사건이 있다. 어떻게 이런 일이 일어날 수가 있지? 왜 이런 일이 닥쳤지? 원인은 알 수 없는데 결과만

주어지는 경우가 있다. 남동생의 죽음이 그랬다. 남동생은 군에서 제대를 두 달 남기고 사망했다. 군에서는 우울증에 의한 자살이라고 했지만 남동생은 우울증 병력이 없었다. 유서도 발견되지 않았다. 그 사건을 통해 '난데없다'는 형용사를 온몸으로 겪었다.

인생에 초대형급 태풍이 불어 닥친 셈이었다. 남동생의 설명되지 않는 죽음, 그 의문을 풀어보려고 나름 애를 썼지만 헛수고였다. 삶은 영화가 아니고 나는 CSI 수사관이 아니었다. 삶은 난데없다는 것만 확인했다. 돌이켜보면 그때 생각 정리 강박이 부서질 수 있었는데 오히려 강화되었다. 남동생이 죽고 두 달이 지나 첫 아이를 낳았기 때문이다. 죽은 남동생보다 태어난 아이가 더 중요했다. 나는 아이를 위해 존재하는 엄마라는 생각을 필사적으로 붙들었다.

생각 정리 강박에 금이 가게 된 간 것은 그로부터 8년 뒤 셋째 아이를 가졌을 때였다. 계획에 없던 임신 사실을 알았을 때 맥이 탁 풀렸다. 종교적으로 '정리해' 말하자면, 나의 계획에는 없으나 태초부터 계획된 아이가 찾아왔다. 닥쳐올 미래를 그려보는 것만으로도 심란했다. 첫째가 초등학교 1학년, 둘째가 다섯 살이었으니 두 아이가 이제 겨우 사람의 모양을 갖추었다 싶은 때였다. 겨우 한숨 돌릴 만한데 또다시 아이를 낳고 젖과 이유식을 주고 기저귀 갈고 잠 못 자고 물건 주워 담는 일을 반복해야 한다고 생각하니 어깨가 툭 떨어졌다.

내게 주신 이 아이를 낳지 않으면 어떨까 하는 생각도 들었다. 깊은 생각은 아니었다. 스쳐 지나가는 파편이었다. 하지만 그런 생각을 했다는 사실로 인해 괴로웠다. 결코 해서는 안 된다고 정리해 놓았던 생각을 품었기 때문이었다. 마치 내가 완전무결한 사람이라도 되는 것처럼 눈에 보이지도 않는 머릿속을 깔끔하게 정리하고 싶었다. 나는 생각의 망령이 던져주는 죄책감과 싸웠다. 죄책감과 싸우면서 임신 초반을 보냈다. 임신 중후반에는 이 출산과 함께 앞으로 일할 가능성은 완전히 사라진다는 절망감이 차올랐다. 임신을 축하한다는 사람들의 인사에 억지로 웃을 때마다 괴로웠다. 출산이 임박해서는 나를 찾아온 아이에 대한 미안하고 불편했던 마음을 어떻게든 털어내고 싶었지만 쉽지 않았다.

이순신 장군은 살고자 하는 자는 죽고 죽고자 하는 산다고 하셨지만 그 말씀은 육아 전쟁터에는 적용되지 않았다. 아무리 봐도 살아날 방법이 없었다. 이럴 때는 원망을 해 줘야 한다. 내 탓은 하기 싫었다. 그래서 하나님 탓을 했다. 하나님 아버지께서는 인류를 구원하신다고 하나뿐인 아들 예수를 십자가에 달아 죽이시더니 이젠 나도 죽이려고 하시네. 딱 죽을 것만 같았다.

셋째 아이를 낳고 키우면서 비로소 인생이 카오스임을 받아들이기 시작했다. 이미 아이를 둘 낳은 몸, 쓸만한 기운이 남아있지 않았지만 다시 아이를 낳아 키우고 있으니 그저 하루씩만 살아 보기로 했다. 다행히 하루씩은 살 수 있었다. 그래도 예측 불허의 나날을 보기 좋은 틀에 넣어 정리하겠다는 강박은 단번에 고쳐지지 않았다.

틀에서 나오고 싶은데 어떻게 나와야 할지 몰라 막막했다. 지혜로운 친구들에게 물었다. 사고가 유연하고 인생의 다양한 고통을 겪으며 도의 경지에 오른 친구들은 내게 렛잇비, 케세라세라, 하쿠나 마타타 같은 말을 해 주었다. 이 말들은 어감은 조금씩 다르지만 같은 지점을 가리키고 있었다. 5분 뒤도 넘겨볼 수 없는 인생이면서 부단히 정리하고 정답을 캐내려는 바보짓을 이제는 그만하라는 메시지를 주었다. 몸에 힘을 꽉 주고 내 선택 속에 포함된 복잡다단한 변수들을 통제하고 싶어하는 내게 친구들은 등을 툭 치며 힘을 빼라고, 안 그러면 가라앉는다고 말했다.

　친구들의 말대로 힘을 빼고 둥실 떠오르니 '내일 일은 난 몰라요 하루하루 살아요.'라고 고백할 수 있었다. 그렇게 마음의 평화를 누리다가 기운이 모이면 또 서랍 정리를 할지 모른다. 몸에 밴 습관이 하루아침에 바뀌지는 않을 테니까. 머릿속을 헤집지만 않으면 된다고 또 '정리'하고 일단 넘어간다.

언니,
꼭
그래야 돼?

잘 먹여야 한다

혜덕

나의 엄마는 남다른 후각과 미각의 소유자다. 손재
주와 심미안도 뛰어나다. 먹고 살아야 해서 요리인의 길
을 걷게 되었지만 그 길은 엄마의 재능이 가리키는 화살
표의 방향과 일치했다. 엄마의 영향으로 나와 동생들은
미식이 발달할 수밖에 없는 환경에서 성장했다. 거실 책
장 한쪽에는 요리책이 가득했는데, 특히 일본 제과 제빵
서적은 몇 번을 보아도 책장을 넘길 때마다 침이 꼴딱꼴
딱 넘어갔다. 엄마가 만든 요리는 요리책 사진처럼 정갈
하고 맛깔스러웠다.

막냇동생이 사람의 꼴을 갖추게 되기까지 엄마는

집을 지키며 안 벌고 안 쓰는 정책을 고수했다. 외식을 한 기억은 거의 없다. 대신에 엄마가 만든 다양한 음식의 추억은 지금도 기억 속에 오롯이 새겨져 있다. 엄마는 비 오는 날 밀가루를 반죽해서 주전자 뚜껑으로 찍어 도넛을 튀겨냈다. 여름엔 노란 옥수수를 들통 가득 쪄서 물릴 때까지 먹었다. 큰 호박을 숭덩 썰어 넣고 감자, 돼지고기, 양파를 같이 넣어 끓인 고추장찌개를 먹으며 진땀을 흘리고, 그 진땀을 오이 미역 냉국으로 달랬다. 겨울에는 알밤에 칼집을 내어 석쇠에서 구워 까 주었다. 나와 동생들은 엄마 옆에 둘러앉아 둥지 속 아기 새들처럼 입을 벌렸다.

엄마를 통해 음식의 세계에 입문했으므로 자연스럽게 엄마의 음식 철학을 물려받았다. 엄마가 나와 동생들에게 준 음식에는 영양과 맛은 기본이고 가치와 윤리도 들어 있었다. 어린 시절 나와 동생들은 탄산음료를 마실 수 없었다. 엄마의 관점에서 콜라나 사이다는 백해무익한 음료였다. 고무줄놀이를 할 때 불렀던 노래, "장난감 기차가 칙칙 떠나간다/ 과자와 사탕을 싣고서/ 엄마 방에 있는 우리 아기한테/ 갖다 주러 갑니다."는 나의 집에서 실현될 수 없었다. 나와 동생들이 어쩌다 '깡'으로 이름이 끝나는 종류의 과자 봉지를 뜯는 순간, 엄마는 예민한 후각을 발동, "너희들은 석유 냄새 못 맡니?" 하며 눈살을 찌푸렸다. 엄마 입장에서 과자는 옳지 않은 음식이었다.

맛있고 영양가 있는 음식을 먹으며 성장한 것까지는 좋았는데, 문제는 그다음이었다. 엄마가 되면서 아이를 잘 먹여야 한다는 강박이 작동하기 시작했다. 결혼해 아기를 낳고 수유 전쟁을 치르다가 어느 정도 적응이 되자 이유식을 만들어야 했다. 두 숟갈 먹일 이유식을 두 시간 동안 만드니 보람과 허무가 함께 밀려왔다. 그것도 잠시, 보람과 허무를 느낄 때도 엄마는 엄마라 또 싱크대 앞에 서야 했다.

최고의 유기농 식재료만 먹일 수는 없더라도, 내가 엄마에게 받아먹은 대로 내 아이에게 먹여야 할 책임이 있다고 생각했다. 일단 외식을 최대한 자제하고, 밖에서 만들어진 음식이나 반조리 식품을 사서 먹이지 않고, 글루타민산나트륨, 아질산나트륨이 들어 있는 가공식품을 주지 않는다는 것이 대원칙이었다. 첫째 아이가 다섯 살이 되어 유치원에 입학할 때까지 원칙은 대체로 잘 지켜졌다. 다른 집 식탁에서는 맛있는 반찬으로 대접을 받는 어묵이나 소시지가 내 집에서는 쇼핑 카트에 담으면 안되는 상품이었다. 이러니 인생이 피곤할 수밖에. 아무거나 먹이면 안 되지만 어떻게든 먹이면 되는데 그게 안 되는 거다. 삼복더위에도 아이들에게는 매 끼니마다 갓 지은 따끈한 밥을 먹일 수밖에 없었다.

아이가 미취학일 때 주 양육자는 아이와 신나게 놀아줄지 아니면 맛있는 밥을 해서 먹일지 중에서 하나를 선택해야 할 때가 있다. 둘 다 할 수 있지만, 부 양육자가 정시 퇴근을 기약할 수 없어서 독박 육아를 감당해야 한다면 에너지를 다 쓰지 말고 약간 남겨둬야 한다. 갑자기 아이가 40도의 고열로 펄펄 끓거나 밥 잘 먹고 놀다가 왕창 토할 수 있기 때문이다. 아이가 초등학생이 되면 또 다른 선택의 갈림길에 서게 된다. 사람이 쏠 수 있는 에너지는 한정되어 있으니 그 에너지로 공부를 봐줄지 밥을 해 먹일지 결정해야 한다. 강남 대치동 어느 아파트 상가의 반찬가게가 성업하는 것은 그런 이유 때문이 아닐까?

시간강사 취업 통보를 받고 제일 먼저 한 일이 있다. 주방 수납장에 라면과 즉석 조리 식품을 차곡차곡 쟁였다. 잘 먹이려 애쓰다가 아이에게 온종일 참고 참았던 짜증을 대방출하느니 형편껏 먹이는 것이 낫다. 아이와 눈을 맞추고 오늘 무슨 재미난 일이 있었는지 이야기 나누며 편의점 삼각 김밥을 먹을 수 있다면, 그날 하루는 잘 지나간 거다. 여력을 비축해 내일 잘 먹여 보도록 하련다. 한 날의 괴로움은 그 날에 겪는 것으로 족하다(마태복음 6:34).

착한 딸이 되어야 한다

혜덕

효녀의 탄생

상투적인 자기소개를 하자면 나는 1남 2녀 중 장녀다. 엄마는 아빠의 사업 실패 후 생계와 자녀 양육을 오롯이 책임졌다. 그래서 자식 셋을 혼자 키워 낸 훌륭한 어머니라 불린다. 아버지가 부재한 집에서 자라는 동안 나는 엄마에게 그 흔한 사춘기의 반항을 해 본 기억이 거의 없다. 엄마는 혼자 식당을 경영하며 사식 셋을 키워냈는데, 그 고생을 넘겨다보는 장녀 입장에서 반항은 생각도 못 했다.

한국 고전 문학 작품에 등장하는 효녀 중에서 간판 스타는 단연 심청이다. 아버지의 눈을 뜨게 하려고 인당수에 뛰어든 딸이다. 심청만큼 유명하지는 않지만 눈먼 어머니를 봉양한 효녀 지은도 있다. 지은은 시집을 가지 않고 홀로 어머니를 봉양하다가 흉년이 들자 부잣집에 찾아가 스스로 종이 된다. 종일 일하고 자신의 몸값으로 저녁밥을 지어 어머니께 갖다 드린다. 나는 심청이나 지은처럼 자신을 깎아 효의 제물로 바칠 수 있는 인물도 못되지만 그럴 필요가 없었다. 비빌 언덕이 있었기 때문이다.

　　아버지의 사업 실패 이후 엄마와 나 그리고 동생들은 외할머니댁에서 살았다. 외할머니 명의의 집에서 우리 식구들이 방 두 칸을 차지하고 살았으니 식구이자 식객인 셈이었다. 아버지가 없어도 나와 동생들은 크게 주눅들지 않았다. 외할머니가 우리 가족의 중심축이 되어 주셨기 때문이다. 자상한 할머니는 아니셨지만 나와 동생들이 비 안 맞고 살 수 있는 환경을 허락해 주신 덕분에 우리는 해가 저물면 어른이 계시는 집으로 돌아올 수 있었다.

　　외할머니는 이북 출신으로 젊어서는 사업도 하셨

던 터라 독특한 카리스마가 있었다. 외할머니의 중요한 일과 중 하나는 빚 독촉이었다. 안방에 놓인 전화기로 수첩에 적어놓은 분들에게 차례로 전화를 걸곤 하셨다. 외할머니의 카랑카랑한 음성은 거실까지 이어져 나와 동생들의 귓가에도 스며들었다. 전화기 너머의 채무자들에게 빌려준 돈을 상환하라고 말씀하실 때, 내 귀에는 그 말씀이 "이 집에서 최소한의 예의를 갖추며 부지런히 공부하고 때가 되면 독립하라."로 자동 변환되었다.

효녀의 성장

나는 효녀 심청이나 지은은 아니었지만 힘들게 일하며 자식들을 돌보는 엄마에게 기쁨을 주고 싶었다. 답은 간단했다. 공부를 잘하면 되는 거였다. 다행히 탁월하게 공부를 잘하는 편은 아니었지만 성실하게 할 줄은 알았다. 그래서 한 자릿수 전교 등수를 유지하며 중학교를 졸업할 수 있었다.

문제는 고등학교에 진학한 뒤부터였다. 수학이 어려웠다. 반 등수는 한 자릿수에서 두 자릿수로 바뀌었다.

고등학교 1학년 때 담임은 수학 선생님이었는데 나의 이런 추락을 무척 안타까워하셨다. 수업료는 각종 공과금과 달리 연체료가 붙지 않으니까 좀 미뤘다 납부해도 된다는 엄마 말씀에 효녀는 흔쾌히 "웅!" 하고 대답할 뿐, 학원을 보내 달라, 과외를 시켜달라는 말을 할 수 없었다. 엄마에게 그럴 돈이 없다는 걸 이미 알았으니까.

수학의 블랙홀에 빨려 들어갈 찰나, 구원자를 만났다. 당시 교회 선배이자 남자친구였던 K 군은 정성을 기울여 나의 수학 공부를 도와주었다. 그의 도움은 마치 전래동화 「해님 달님」의 동아줄과 같았다.

오누이의 엄마는 싱글맘에 날품팔이 일용직이다. 종일 일해 먼지를 뒤집어쓰고 집에 돌아오다가 호랑이에게 잡아먹힌다. 오누이는 엄마를 잃고 소년소녀 가장이 된다. 호랑이는 사회적 안전망 없이 방치된 오누이를 잡아먹으려 한다. 도움을 줄 이웃은 한 명도 안 보인다. 오누이는 이육사의 시 「절정」의 표현대로 "한 발 재겨 디딜 곳"조차 없는 나무 위에 매달려 호랑이의 밥이 될 판이다. 희망이 보이지 않는, 더 할 수 있는 것이 없는 지점에서 오누이는 겸허하게 무릎을 꿇고 기도를 올린다. "저희를 살리시려거든 동아줄을 내려주세요."

효자 효녀는 하늘에서 낸다더니 그 말이 맞았다. 나는 생각지 못한 방법으로 공부를 잘 하는 효녀가 되었다. 연애의 유통기한이 끝난 지점에서 나는 K 군을 떠났고 그도 나를 떠났지만 나를 건져준 그에 대한 감사는 오래 남았다. 덕분에 대학에 들어갔고 과외로 돈을 벌 수 있게 되었으니까. K 군만이 아니다. 내게는 「해님 달님」의 오누이에게는 없었던 교회 공동체가 있었다. 서정주 시인은 자신을 키운 건 팔 할이 바람이라고 했는데 청소년 시절 나를 키운 팔 할은 교회였다. 교회 친구들, 선후배들, 선생님들은 떡볶이를 사 주었다. 내 옆에 앉아 지루하고 답 없는 이야기를 들으며 손을 잡아주었다. 교회는 따뜻한 환대가 있는 제2의 가정이었다. 교회 덕분에 정서적으로 안정된 효녀가 될 수 있었다.

그렇지만 십계명 제4계명인 "네 부모를 공경하라."는 목에 걸린 생선 가시처럼 껄끄러웠다. 엄마는 공경할 수 있는데 아빠는 공경할 수 없을 것 같았다. 효녀 심청은 눈을 뜨고픈 욕망을 다스리지 못한 아버지, 자신을 죽음으로 밀어 넣은 아버지를 그리워한다. 나는 심 씨가 아니라 그런지 아버지와 재회하고 싶다는 생각은 도통 들지 않았다. 그분을 싫어하고 미워했다기보다는 그분의 부재로 인한 상황이 싫고 짜증스러웠다. 친구 집에 놀러 가거나 새 학기가 되어 담임 선생님과 상담할 때나 진지하게 사귄 남자친구의 부모님을 만날 때 인당수에 빠진 심청의 발목에 감긴 미역 줄기처럼 "아버지 뭐 하시니?"가 따라붙었으니까. 그 기나긴 짜증 때문에 그분에 대한 그리움은 흐릿해졌다. 대신 엄마에게 두 배로 착한 딸이 되고 싶었다.

효녀의 결혼과 죽음

엄마의 효녀가 되려면 상당한 내공이 필요했다. 밥 잘 먹고 공부 열심히 하고 내 앞가림 하는 효녀의 지침을 썩 잘 해냈더니 그 다음 과제도 있었다. 수신제가 치국평천하라는 말처럼 먼저 자신과 가족을 잘 돌보고 이웃에게 손을 뻗는 게 순서일 텐데 엄마 눈에 비친 나는 '수신'도 덜 된 사람이었다. 자세 좀 바로 해라, 발뒤꿈치 각질 좀 신경 써라, 말할 때 이마에 주름 안 잡히게 해라……. 안다. 나 잘되라고 좋은 뜻에서 하는 말이라는 걸. 나도 자세 바르고 발뒤꿈치 매끈하고 이마에 주름 없는 여자가 되면 좋겠지만 여력이 없다. 사실, 나는 그런 데 쓸 시간과 정성이 있으면 책을 한 권 더 읽고 싶다.

엄마는 나에게 엄마의 효녀가 되라고 강요한 적이 없다. 효녀가 되겠다고 나선 사람은 나였다. 엄마 말씀에 늘 "네."라고 대답했다. 싫다는 표현을 하지 않으니 엄마는 내가 당신 말씀을 듣기 싫어한다는 걸 알 턱이 없었다. 게다가 엄마는 훌륭한 사람이기까지 했다. 엄마는 약자를 배려하고 보호하는 데 능했다. 넉넉한 형편이 아니면서 아픈 사람에게 죽을 끓여다 주고 오갈 데 없는 가족을 집으로 맞아들여 몇 달간 함께 살았다. 훌륭한 엄마가 하는 말씀이 다 옳은 건 아닌데도 거부하기가 어려웠다.

결혼하기 며칠 전 엄마는 내게 무척 진지한 어조로 남편 머리 꼭대기에 올라가지 말라고 했다. 지금 같으면 "사람 머리에 왜 올라가? 나 중국 기예단 아닌데." 했을 거다. 남편이 아내의 머리라는 표현은 성경에서 나온 비유다. 이 비유는 난데없이 툭 튀어나온 말이 아니다. 그 말이 나온 맥락에서 해석되어야 하는데도 맥락과 별개로 돌아다닌다. 그렇게 돌아다니다가 가부장제와 섞이기도 한다. 엄마가 내게 남편 머리 등반을 하지 말라고 한 것은 둘이 싸우지 말고 어지간하면 남편에게 맞춰 주라는 말씀이었다. 원래 양보 잘하고 상대방 배려가 몸에 배어있는 엄마가 결혼하는 딸에게 건넨 덕담이었다. 네. 맞춰주고 말고요. 하나보다 둘이 함께 사는 게 낫다는 마음으로 시작하는 관계라면 그렇게 해야죠. 아버지는 사업이 망한 뒤 가족을 떠났기에 엄마에게는 잘해 주고 말고 할 남편이 곁에 없었다. 그렇게 사는 엄마가 남편에게 잘해 주라고 하니 더 잘해야 할 것 같았다. 마치 엄마가 못다 이룬 현모양처의 꿈을 이뤄야 할 책임이 나에게 주어지기라도 한 듯 비장한 각오로 신혼을 시작했다.

아이를 낳기 전에는 하던 일이 있었고 그 일을 사랑했다. 아이를 낳고 키우기 위해 어쩔 수 없이 일을 그만 뒀을 뿐, 전업주부가 되고 싶었던 적은 없었다. 육아와 살림을 전담하게 되니 엄마의 조언은 더 세밀해졌다. 육아와 살림 노하우를 하나라도 더 가르쳐주고 싶은 엄마 마음은 이해가 되지만 내가 방어를 하지 않으니 엄마는 의식하지 못한 채 경계선을 넘었다.

특히 엄마 친구 이 여사님 얘기가 절정이었다. 엄마는 이 여사님이 일본에 살 때 남편 월급봉투를 무릎 꿇고 받았던 일화를 예로 들면서 "이 여사님만큼 남편을 잘 챙기고 귀하게 여기는 사람이 없다. 너도 이 여사님처럼 남편을 보필하면 좋겠다."는 말을 했다. 그런데 곰곰이 생각할수록 이상했다. 엄마의 말은 돈을 벌지 못하는 사람은 돈 벌어오는 사람을 받들기 위해 존재한다는 잔상을 남겼다. 물론, 효녀는 널리 이해한다. 남편 없이 아이 셋을 키우기 위해 경제적 부담을 안고 살아온 엄마 눈에 꼬박꼬박 월급을 벌어다 주는 친구의 남편이나 딸의 남편은 훌륭하고 대견한 존재로 보였을 수 있다.

인간 역사의 첫 가정을 이룬 아담과 하와, 낳아준 부모도 없는 최초의 인류인 아담과 하와에게 "그러므로 남자는 아버지와 어머니를 떠나, 아내와 결합하여 한 몸을 이루는 것이다"(창세기 2:24)라고 명령하신 하나님의 말씀에서 '부모를 떠나'에는 주체성을 갖고 부모에게 휘둘리지 말라는 뜻도 포함되어 있다. 그러나 나는 이 성경 말씀을 따르지 못했다. 다른 영역에서는 무척 독립적이면서 엄마에게서는 정서적으로 독립하지 못했다.

결혼 이후 예닐곱 번에 걸친 이사를 할 때마다 남편은 옆에 없었다. 남편은 바쁘니 내가 하면 된다고 생각했다. 나도 피곤하지만 남편은 피곤하고, 피곤하니 내가 한 번 더 피곤하면 되지. 남편을 회사에 빼앗기고 아이를 키우며 집에 갇힌 내 주변의 여인들은 대부분 그렇게 살고 있었다. 남편에게 필요한 것은 부탁이 있건 없건 속옷부터 구두까지 알아서 채워놓고 손보았다. 적극적인 성격을 활용해 남편 회사에서 파는 상품을 남편 대신 팔기도 했다. 남편을 위해서, 또한 엄마를 위해서 그렇게 했다. 엄마는 남편이 양복을 격일로 갈아입도록 미리 걸어놓고 현관에 구두도 매일 바꿔 놓으라고 했다. 그런 말을 들을 때면 슬며시 불편했지만 입을 꾹 다물었다.

남편을 따라 해외에서 몇 년 살다가 한국으로 돌아왔다. 집을 손보는 과정에서 엄마는 나를 적극적으로 도와주었다. 쓸고 닦고, 스티커를 제거하고 틈새를 후벼 파고, 가구를 배치하고, 주방에 그릇과 도구의 자리를 잡아주었다. 어차피 격무에 시달리는 남편과는 함께 할 수 없는 일이었다. 엄마가 딸을 돕는 즐거움을 누리시도록 그냥 두었다. 엄마가 즐거우니 나도 더불어 즐거운 줄 알았다. 그런데 그 즐거움은 점차 부담으로 바뀌었다. "애, 이 책꽂이 여기다가 놓으니까 별로다. 이거 위치 바꾸면 좋을 거 같은데." 그 말을 듣는 순간, 발가락부터 천천히 열기가 올라오기 시작했다. 뭔지 모를 묵직한 것이 밑에서부터 솟구쳤다. 이걸 어쩌지. 대놓고 화를 낼 순 없고, 그렇다고 책꽂이 위치를 바꾸고 싶진 않았다. 그날 저녁 엄마에게 전화를 걸었다. "엄마, 내가 나이가 마흔이 넘었는데 내 집에서 내가 놓고 싶은 자리에 내 책꽂이도 못 놓아?"

엄마는 약간 당황한 목소리로 네가 알아서 하라고 했지만, 이제는 당신의 딸이 '효녀 강박'을 끝내고 싶어 한다는 것까지 알지는 못했다. 그렇다고 일흔이 넘은 엄마에게 내 감정을 확 쏟을 수는 없었다. 며칠 뒤, 햇빛이 찬란한 어느 봄날이었다. 나는 엄마가 내게 묻지도 않고 집에 가져다 놓은 화분을 망치로 깼다. 후련했다. 그날 내 안의 효녀는 푸치니의 오페라 아리아 「어떤 개인 날」을 부른 나비부인처럼 장렬하게 죽었다.

현숙한 아내여야 한다

혜덕

앞에서 설명한 나의 효녀 강박은 착한 여자 콤플렉스와 붙어 있었다. 대학 신입생 시절, 지금은 절판된 『일곱 가지 여성 콤플렉스』(현암사)를 읽었다. 생애 첫 여성학 입문서였다. 그 책을 펼치면서 착한 여자 콤플렉스와 처음 대면했다. 내 안에는 평균적으로 착한 수준보다 더 착하기를 요구받는 종교인, 학교에서 타의 모범이 되어야 하는 모범생, 엄마 말씀 잘 듣고 자기 주장을 내세우지 않는 효녀가 있었다.

세상에는 착한 사람이 많아야 한다. 그래야 조금이라도 살 만한 세상이 된다. 지금도 나는 착한 사람이 되고 싶다. 그러나 착한 사람이 되어야 한다는 강박은 사람을 괴롭힌다. 책을 읽으면서 내게 입혀진 착한 옷을 벗고 착한 여자 콤플렉스에서 벗어나기를 시도했다. 물론 벗는다고 다 해결이 되는 건 아니다. 나체로 돌아다니면 잡혀간다. 그래서 내게 맞는 옷을 찾아 입고자 애를 썼다. 그때 폴 투르니에의 『여성, 그대의 사명은』(IVP)을 만났다. 그 책에서 내가 가진 여성 특유의 인격, 감각, 감성, 직관을 통해 남성 중심으로 왜곡된 세상에 생기를 불어넣을 가능성을 보았다.

머릿속이 정리된다고 삶이 바뀌는 건 아니었다. 20년 전에 나의 착한 여자 콤플렉스를 발견했는데도 효녀 강박에서 벗어나기 시작한 건 겨우 몇 년 전이다. 효녀 강박은 결혼을 계기로 더 강하게 나를 옥죄었고 '현숙한 아내의 강박'을 낳았다. 그렇게 된 데는 몇 가지 이유가 있다.

교회 청년부에서 기독교인의 결혼은 세상의 결혼과 '격'이 다르다고 배웠다. 그런데 결혼 생활이 얼마나 어렵고 힘든지에 대해서는 거의 들어보지 못했다. 하나님께서 신랑과 신부 두 사람의 손을 붙들고 계시면 두 사람은 결코 둘로 쪼개지지 않는다고 들었고, 그 말을 그대로 믿었다. 내 머릿속에서 결혼은 장엄하게 빛났다. 결혼식을 준비하면서 사촌언니가 사 입었던 웨딩드레스를 빌렸다. 유행하던 웨딩 촬영도 하지 않았다. 양쪽 집안끼리 아무것도 주고받지 않고 엄마 식당의 주방 도구와 그릇을 재활용해 신혼살림을 차렸다. 허례허식과 거리가 먼 결혼이었다. 그럴수록 내 결혼은 모범적이고 숭고한 결혼이 되어 갔다. 가치를 부여한 만큼 결혼은 이상화되었다. 나는 타인과 진정 하나가 될 수 있을 거라 믿었고, 그 기대는 점차 커졌다.

막상 결혼을 하고 보니 머릿속과 현실은 달라도 한참 달랐다. 가사를 분담하고 돈을 어떻게 쓰고 얼마나 저축할지를 정하고 양보할 수 없는 것들은 적당히 타협하며 상대방과 보폭을 맞추는 신혼을 보냈어야 했다. 그런데 아침에 출근했다가 그다음 날 귀가하는 직장인 남편과 사는 현실에서는 그럴 수가 없었다. 별것도 아닌 걸로 싸우고, 싸운 걸 풀고, 그러면서 상대방의 언어를 이해하고 마음도 헤아리며 적응해야 했는데 얼굴 보기도 쉽지 않으니 그러지를 못했다.

게다가 결혼에 과도한 의미를 부여했으므로 결혼생활에서 발생하는 유치한 티격태격과 옥신각신을 소화하기 어려웠다. 겨우 이런 걸로 화가 나고 화를 낸단 말

이야? 나는 남편이 잠든 뒤 옆방으로 건너가 혼자 울곤
했다. 그때는 내가 왜 우는지 몰랐다. 그저 내 역량, 내
덕이 부족해서 그런 줄로만 알았다.

그도 그럴 것이, 내 머릿속에는 이상적인 기독교적
아내의 그림이 들어있었기 때문이다. 잠언 31장에는 천
하무적의 여인이 나온다. 일명 '현숙한 여인'이라고 불리
는 그녀는 그야말로 '넘사벽'이다. 성경을 보자.

"그의 아내는 살아 있는 동안, 오직 선행으로 남편을
도우며, 해를 입히는 일이 없다. 양털과 삼을 구해다
가, 부지런히 손을 놀려 일하기를 즐거워한다. 또한 상
인의 배와 같이, 먼 곳에서 먹거리를 구하여 오기도 한
다. 날이 밝기도 전에 일어나서 식구들에게는 음식을
만들어 주고, 여종들에게는 일을 정하여 맡긴다. 밭을
살 때에는 잘 살펴본 다음에 사들이고, 또 자기가 직접
번 돈으로 포도원도 사서 가꾼다. 허리를 단단히 동여
매고, 억센 팔로 일을 한다. 사업이 잘 되어가는 것을
알고, 밤에도 등불을 끄지 않는다. 한 손으로는 물레질
을 하고, 다른 손으로는 실을 탄다. 한 손은 펴서 가난
한 사람을 돕고, 다른 손은 펴서 궁핍한 사람을 돕는
다. 온 식구를 홍색 옷으로 따스하게 입히니, 눈이 와

도 식구들 때문에 걱정하는 일이 없다. 손수 자기의 이부자리를 만들고, 고운 모시 옷과 자주색 옷을 지어 입는다. …(중략)… 그의 아내는 모시로 옷을 지어 팔고, 띠를 만들어 상인에게 넘긴다. 자신감과 위엄이 몸에 배어 있고, 미래에 대한 두려움이 없다. 입만 열면 지혜가 저절로 나오고, 혀만 움직이면 상냥한 교훈이 쏟아져 나온다. 집안일을 두루 살펴보고, 일하지 않고 얻은 양식은 먹는 법이 없다." (잠언 31:12-27)

이 여인이 시간여행자가 되어 내가 다니는 교회에 나타난다면 어떤 모습일지 상상해 보았다. 그녀는 한 남자의 아내로 오직 남편만을 사랑한다. 남편이 그녀에게 관심과 애정을 기울이지 않아도 남편에 대한 그녀의 사랑은 한결같이 유지된다. 다른 남자에게는 눈길도 주지 않으며 영화나 드라마의 남자 주인공에게 빠져드는 일도 없다. 남편의 육아 협조 정도에 상관없이 자녀를 낳았는데 그 자녀들은 당연히 신앙생활은 흠잡을 데가 없고 학교 성적도 좋다. 자녀가 많지만 집은 깨끗하고 '정리' 되어 있다. 출근하는 남편에게 아침을 차려주고 아이들에게는 집에서 직접 만든 끼니와 간식을 챙겨준다. 시부모님을 딸처럼 살뜰히 돌봐드린다. 눈과 입에는 미소가, 몸에는 친절과 배려가 배어 있다. 그뿐만이 아니다. 운동과 다이어트로 적당한 몸매를 유지한다. 교회에서 사람 손이 필요한 곳에는 어김없이 그녀가 있다. 입을 열면 모든 것이 하나님의 은혜라 말한다.

어렸을 때부터 이 현숙한 여인에 대한 설교와 강의를 여러 번 들었다. 나보다 공부를 많이 했고 종교적 권위를 가진 이들에게서 들은 말, 결혼한 기독교 여성은 이 여인처럼 되어야 한다는 말을 반박할 재주가 내게는 없었다. 그분들의 말씀대로 기독교적인 결혼은 세상의 결혼과 질적으로 다를 것 같았다. 이런 여인이 배우자라면 훌륭해지지 않을 남편이 없을 테니까.

적어도 작년까진 그랬다. 레이첼 헬드 에반스의 『성경적 여성으로 살아 본 1년』(비아토르)을 만나기 전까지 천국 문 앞 검문소에는 현숙한 여인이 딱 버티고 있었다. 저자는 이 본문이 영웅시처럼 여성에게 부치는 송가임을 강조한다. 이 송가의 각 행 첫 글자는 히브리어 알파벳을 순서대로 나열해 형식적으로 완전성의 느낌을 준다. 히브리어로 '에쉐트 하일'이라 불리는 이 여성은 그분의 백성에게 선을 행하시는 하나님을 표현한 영웅상이라는 것이다. 나는 무릎을 탁 쳤다. 그럼 그렇지. 인간이면 부족하고 허술한 데가 있어야 하는데 이 여인에게는 그런 느낌이 전혀 없었다. 외려 AI의 냄새가 났달까.

저자는 고대 근동의 왕족 유대인 부인이 한 일에 집중하지 말고 그녀가 그 일들을 어떻게 했는지를 보라고 한다. 핵심은 전쟁에서 승리한 영웅처럼 용감하게 하라는 것이다. 저자의 설명에 그동안 이 여인에게 붙어있던 '현숙한'의 꼬리표는 '용맹한'으로 바뀔 수 있었다. 저자는 유대인 친구의 말을 인용해 이 구절에 대한 오해를 확실해 해결해 준다. "저는 언제나 '에쉐트 하일(용맹한 여인)'이라는 말을 들어요. …(중략)… 이건 내가 뭘 하고 안 하고와는 상관없다는 걸 알기에 더욱 특별하지요. 그저 나의 에너지와 창의성으로 가족에게 복을 전해준다는 이유로 저를 칭찬하는 겁니다. 모든 여성이 자신의 방식으로 이걸 할 수 있어요." 나에게 용맹은 피곤에 지쳐 귀가하면서 자녀들의 저녁 식사를 위해 김밥을 사고('오첩반상'이 아니다), 몇 번을 설명해도 말귀를 못 알아듣는 학생에게 사랑의 마음으로 한 번 더 차분히('미소를 지으며'가 아니다) 말해주는 것이다. 현숙한, 아니 용맹한 여인의 핵심은 가족과 친구, 이웃을 대하는 태도에 있었다.

100년 전에는 가부장제나 남성우월주의가 자연스러운 사회 통념으로 받아들여졌지만 지금 우리 사회는 이를 남녀가 함께 극복해야 할 과제로 여기고 있다. 그런데 교회에서는 그렇지 못하다. 일요일에 교회에서 오가며 듣는 말, 눈앞에서 벌어지는 장면으로 인해 은근히 불편하다. 엿새 동안 교회 밖에서 느낀 불편함의 총량과 비교가 안 된다. 나만의 개인적인 느낌일까? 교회의 중요한 사항을 결정하는 분들의 성비는 어떤지, 교회 주방을 책임진 분들은 누구인지, "여자들은 교회에서는 잠자코 있어야 합니다. 여자에게는 말하는 것이 허락되어 있지 않습니다. 율법에서도 말한 대로 여자들은 복종해야 합니다."(고린도전서 14:34)를 어떻게 해석해 설교하는지 살펴보면 답은 금방 나온다.

하지만 좌절하지 않으려 한다. 용맹한 여성 동지들, 그리고 그 동지들의 손을 맞잡은 남성들의 용기를 모으면 불의와 모순, 혐오를 조금이라도 극복할 수 있으리라. 그러기 위해서 우선 『성경적 여성으로 살아 본 1년』을 박스로 주문해야겠다. 성경을 읽고 용기를 내기는 커녕 오히려 주눅이 들어 버리는, 현숙한 아내의 강박에 갇힌 이들부터 구해야겠다.

3
——
말

바르고 곱게 말해야 한다

혜덕

어렸을 때부터 학교에서 학급 회의를 진행하거나 발표할 때 쓰는 공식 석상의 언어를 좋아했다. 내가 흠모한 어른들은 품위 있고 아름답게 말을 했다. 엄마, 초등학교 6학년 때 담임선생님, 교회 목사님이 그랬다. 바르고 고운 말은 훌륭한 사람의 언어로, 욕설과 비속어는 저급하고 못 배운 사람의 언어로 분류되었다. 욕설과 비속어는 낯설기도 했다. 가족이나 친한 친구 중에 욕을 쓰는 사람이 없었다. 교회는 더 말할 것도 없다. 어리고 순수한 마음에 바르고 고운 말을 하면 아름다운 세상에서 살게 될 거라고 믿었다. 학교에서 배운 표준어의 정의,

"교양 있는 사람들이 두루 쓰는 현대 서울말"이 그 생각을 뒷받침했다.

고등학생이 되어 새로 사귄 친구 중에 A가 있었다. A를 만나기 전까지 나는 말 좀 잘 하는 축에 든다고 자부했다. 학교와 교회에서 진행자 역할을 할 기회가 많았고 그런 자리에서 발표할 때 청중들의 반응도 좋았기 때문이었다. 거울아, 거울아, 나만큼 생각과 감정을 막힘 없이 표현하는 사람이 또 있니? 백설 공주의 새엄마에게 빌려온 거울 앞에서 우쭐대던 어느 날, 거울은 낯선 이의 도톰한 입술을 비추었다. 바로 A의 입술이었다. A는 말을 찰지고 맛깔나게 할 줄 알았다. 묘사는 세밀했고 비유는 쫀쫀했다. 무엇보다도 A는 내가 결코 닿을 수 없는 영역의 언어를 구사했다. 간간이 비속어를 섞어 말을 했는데 묘하게 시원했다. 그때부터였다. 욕을 하고 싶다는 마음이 슬며시 들었다. 그런 마음이 들 때마다 내가 꿈꾸는 미래를 떠올렸다. 풍족하고 깨끗하고 여유로운 삶, 그런 삶에는 욕이 끼어들 자리가 없었다. 지금보다 더 나은 인생을 살고 싶다는 앞날에 대한 욕망으로 욕을 멀리 했다.

사회생활을 시작하고 멀쩡해 보이는 사람들이 내뱉는 이상한 말을 듣게 되면서 그 생각에 금이 가기 시작했다. 사회적 지위, 돈, 교양이 있는 사람들이 어떻게 저런 말을 하지? 이해가 되지 않았다. 그래도 나는 여전히 바르고 고운 말에 매달렸다. 대학에서 국어교육을 전공했고 국어를 가르치는 일을 하고 있었기 때문이다. 돌이켜 생각해보니 그때까지는 기가 막힐 일은 몇 번 겪었어도 욕이 나올 만한 상황에 처하지는 않았던 것 같다.

결혼을 하고 아이를 낳아 키우면서 아이들을 쉼 없이 지켜봐야 했다. 엄마가 되기 전에는 아이들의 안전을 위해 매의 눈을 번뜩여야 한다는 걸 몰랐다. 거기까진 좋았다. 아이들이 24시간 곁을 떠나지 않으니 내 모습은 아이들에게 고스란히 노출되었다. 화장실에 들어가도 엄마를 애타게 외치는 아이 때문에 문을 연 채 변기에 앉을 수밖에 없었다. 육아 스트레스가 머리끝까지 차올라 입에 익숙하지 않은 어설픈 욕이 튀어나오려고 할 때가 종종 있었다. 하지만 욕에 묻은 더러운 기운이 아이의 귓전에 남을까 두려워 입을 꾹 다물었다.

첫째 아이는 잠을 제대로 못 잔 짜증을 내게 방출하고 있는데 둘째 아이는 자기 이야기도 좀 들어 보라고 소리를 높이고, 셋째 아이는 염소가 되어 조용히 종이를 집어먹고 있다. 욕에 욕을 더하는 육아 전쟁터에서 욕을 할

수가 없다니. 작은 동그라미들이 꼬리처럼 달린 말풍선이 두둥실 떠오르며 글자가 보였다. '지랄이다.'

　지랄은 "마구 법석을 떨며 분별없이 하는 행동을 속되게 이르는 말(표준국어대사전)"이다. 위 상황에 딱 맞는 표현이다. 야단스럽다는 말을 조금 격 떨어지게 쓴 것뿐이다. 남의 인격을 모독하거나 저주하는 말이 아니다. 긴 호흡으로 인생길을 걸어가려면 짬짬이 뚜껑을 열어 김을 빼 줄 필요가 있다. 그러면 각종 질병에 걸릴 확률도 줄어든다. 몇 년 전부터 간간이 지랄을 쓰는, 내 나름의 이유다.

　앞집 엄마 목소리와 아이 울음소리가 유난히 크게 들린 날이었다. 내 집에서도 일 년에 한두 번 나는 소리니 새삼스럽지는 않았다. '앞집 엄마가 참다 참다 뚜껑이 열렸나 보군.' 모르는 사이면 그렇게 흘리고 말았을 텐데 아는 사이라 마음이 쓰였다. 그녀에게 괜찮냐고 문자를 보냈다. 힘들다는 답이 왔다. 아껴 두었던 단어를 꺼냈다. "인생은 지랄이여. 죽지 못해 사는 날도 많다우." 며칠 뒤 아이를 데리러 가다가 그녀를 만났다. "언니같이 우아한 사람이 지랄이라고 하니 너무 시원했어요." 욕을 했는데 감사 인사를 받았다.

지랄이 풍년인 세상을 살면서 바르고 고운 말을 하기는 쉽지 않다. 인터넷 익명성에 기댄 악성 댓글, 혐오를 불러일으키는 표현이 춤을 춘다. 나 한 사람 바르고 곱게 말한다고 세상이 바뀌지 않는다. 그래도 내가 서 있는 자리만큼은 아름다운 말이 오갔으면 좋겠다. 그러다가 바르고 고운 말만 해서는 풀리지 않는 울분이 쌓이면 더도 말고 덜도 말고 지랄 한마디로 해소하고 싶다.

진실을 말해야 한다

혜덕

영화 「로마의 휴일」에는 남녀 주인공이 '진실의 입'이라고 불리는 조각 앞에서 이야기를 나누는 장면이 있다. 조(그레고리 펙)는 거짓말쟁이가 조각의 입에 손을 넣으면 손을 물린다는 전설을 설명한다. 앤 공주(오드리 헵번)는 설마 하는 표정으로 조각상에 손을 넣지만 완전히 다 넣지는 못한다. 조는 자기 손을 쑥 넣고는 조각에 손을 물린 척 장난을 친다. 깜짝 놀란 앤 공주는 비명을 지르고, 조가 장난이었다고 사과를 하며 마무리가 된다.

살면서 거짓말을 한 번도 하지 않은 사람은 없을 것이다. 그러므로 진실의 입 조각이 제 기능을 한다면 세상

모든 사람을 물어서는 안 된다. 거짓말쟁이만 골라 물어 뜯어야 한다. 시간을 되돌려 초등학생이었던 내 손을 넣는다면 아마 잘근잘근 씹힐 것이다. 나는 거짓말 영재였다. 어렸을 때부터 책을 좋아했고 책을 읽으면서 자연스럽게 이야기를 만드는 능력이 생겼다. 그 능력에 대한 자신감은 상당했다. 나보다 세 살 많은 중학생 사촌 언니에게 아파트 놀이터 땅 밑에 우주인의 지하 벙커가 있다고 말했을 정도였다. 특정 시간에 놀이터의 '뺑뺑이'라는 놀이기구를 돌리면 지하벙커로 들어갈 수 있다는 말도 안되는 소리로 시작하는 이야기였는데 언니는 반신반의하면서 미끼를 물었다. 언니를 속이려고 거짓말을 한 건 아니었지만 언니가 그 이야기를 믿어버렸기 때문에 결과적으로는 거짓말을 한 셈이 되었다. 언니를 만날 때마다 구체적인 묘사와 자세한 설명을 더하니 SF 영화 시리즈가 되었다. 거짓말은 점차 불어나 나중에는 마무리를 어떻게 해야 하나 고심하는 지경에 이르렀다.

누군가에게 피해를 주거나 진실을 은폐하는 거짓말은 아니었지만 언니를 속이고 있었으므로 양심에 가책을 받았다. 부모님과 학교, 교회에서 진실한 인간이 되어야 한다고 배웠는데 열심히 거짓말을 늘어놓고 있으니

언니,
꼭
그래야 돼?

양치기 소년이 된 기분이었다. 게다가 그 거짓말이 내 나이 또래의 거짓말을 뛰어넘는 수준이라는 자기 평가를 곁들이니 머릿속은 더 복잡해졌다. 나의 거짓말 능력이 글쓰기 재능에 달라붙어있다는 걸 알았다면 그 능력을 갈고 닦아 소설가가 될 수도 있었을 텐데, 그때는 부담스럽고 무서웠다. 이래서는 안 되겠다, 최선을 다해 거짓말을 하지 않으려고 애를 써야겠다고 결심했다. 교회를 다니며 진실한 인간이 되고픈 열망이 커질수록 거짓말을 하지 않으려고 노력했다.

거짓말을 할 수 없으니 진실을 말해야 했다. 바로 여기서부터 본격적으로 꼬이기 시작했다. 딴에는 진실을 말한다고 했지만 그 말들은 어디까지나 내 생각과 가치에 기대고 있는 말이었다. 내 말이 상대방의 심장에 화살로 꽂히는 줄 모르고 내 생각을 마치 진리인 것처럼 또박또박 말했다. 내 강박으로 나를 볶는 데 그치지 않고 상대방을 괴롭혔다. 집은 조용해야지. 정리를 해야해. 애들을 잘 먹여야 하는 거야. 상대방이 묻지도 않았는데 진실한 참견을 한 적은 또 얼마나 많았을까. 그건 아니지. 답은 이거야. 꼰대 대마왕을 멀리서 찾을 필요가 없었다.

진실을 말해야 한다는 강박이 작동하면 말을 마음에 담아둘 수가 없었다. 침묵은 진실을 은폐하는 것이라 생각했으므로 반드시 말을 해야 했다. 그 말은 상대방을 사랑하는 마음으로 하는 말, 정의를 위해서 용기를 내어 하는 말이 아니었다. 나는 이렇게 투명하고 진실한 사람이라는 자위일 뿐이었다. 내 마음 편해지자고 일단 뱉어놓고 보는, 이기적이고 때로는 폭력적이기까지 한 언어 습관이었다.

한동안 내 용량으로 감당하기 어려운 상황에 놓인 적이 있었다. 가까운 이들에게 청하지 않은 조언을 듣게 되었다. 내 사정을 잘 모르고 하는 말들이었다. 그때 비로소 알았다. 나를 생각해서 건넨다는 말속에는 말하는 사람의 가치와 기준이 담겨 있었다. 하지만 그 사람은 내가 아니고, 내 삶을 대신 살아줄 것도 아니었다. 내 삶의 중심을 잡을 사람은 나였다. 무엇보다도 말의 화살을 맞아보니 쓰리고 아팠다. 그 고통을 겪은 뒤로 다른 사람의 인생에 대해 함부로 말했던 지난날을 깊이 반성했다.

입에서 나오는 말이 진실의 포장지만 씌운 내 생각일 수 있으니 말하기 전에 시간을 두고 차분히 생각해 보려 애쓴다. 사람들의 입을 통해 외쳐져야 하는 진실은 생각보다 묵직하고, 말 뒤에 행동이 따라야 하는 경우도 많다. 감추어졌던 진실이 드러나면 진실을 외친 사람은 추앙받을 수도 있지만 원치 않는 대가를 지불할 수도 있다. 과연 나는 진실의 값을 치를 준비가 되어 있는지, 아니면 말만 하고 도망가려는 건지 스스로에게 질문해 본다.

고수들의 즉문즉답은 멋져 보이지만 나는 그런 고수가 아니다. 진실을 말해야 한다는 강박을 완전히 떨치지 못한 내 수준에서는 비유나 농담 정도가 적절하다. 상대방이 알아들으면 된 것이고, 못 알아들으면 그것도 나쁘지 않으니까.

미안하다고 말해야 한다

혜덕

나는 이상한 사람이다. 존재 자체만으로 타인에게 불편을 끼칠 수 있는 이상한 사람, 곧 개성 있는 사람이다. 외모도 튄다. 연예인처럼 예뻐서 튀는 건 아니다. 키가 커서 튄다. 연예인 유재석의 얼굴을 한 이광수랄까? 큰 키를 살려 옷을 입으면 더 튄다. 튀는 말과 행동도 잘한다. 그런데 나는 소심하기도 하다. 그러다 보니 나의 이상함이 누군가를 불편하게 하면 그때부터 미안해진다. 이상하고 대범한 사람이었으면 얼마나 편했을까? 낯선 사람들에게 나를 소개할 때, 이런 나의 특성을 콕 집어 "실수를 잘하지만 사과도 잘하는 정혜덕입니다."라고 인사하곤 한다.

사실, 일로 만나거나 거리를 두는 사이에서는 실수할 일이 별로 없다. 이상한 말로 인한 실수의 피해자는 내 친구들이다. 친구에게 애정으로 건네는 말은 적절 분량을 넘으면 잔소리나 참견이 된다. 친구의 특성을 고려하지 않고 말했다가 그의 기분을 상하게 하기도 한다. 간혹 호기심이 과해 친구에게 예의 없이 '훅' 들어가는 질문을 할 때도 있다. 최악의 경우는 농담과 비유의 농도 조절 실패다.

내 입에서 나온 말 때문에 친구가 불편해하거나 화를 내면 얼른 미안하다고 한다. 정말 미안하니까. 그런데 엄밀하게 따져보면 나 혼자 미안해할 일이 아닌 경우도 있다. 말하는 내용에 담긴 각자의 생각 차이, 견해 충돌이거나 표현 방식의 차이일 수도 있다. 나는 그럴 때도 신속하게 미안하다고 한다. 친구가 불편해하는 꼴을 못 보기에 조금만 타인에게 불편함을 끼쳐도 "스미마셍(すみません)"을 연발하는 일본 사람으로 빙의한다. 그럼 친구와 좋은 사이로 지낼 수 있을 테니까. 친구와 좋은 사이로 지내는 가장 손쉬운 방법은 내가 미안하다고 하는 거였다. 진심이 담기지 않은 '미안해'를 해서라도 친구를

잃고 싶지 않았다. 게다가 로마서 12장 18절, "여러분 쪽에서 할 수 있는 대로 모든 사람과 더불어 화평하게 지내십시오."라는 말씀도 한몫했다. 그렇지만 그런 '미안해'를 자주 할수록 친구와 멀어진다는 걸 몰랐다.

　이십여 년 넘게 우정을 쌓아온 친구가 있었다. 그 친구는 나를 오래 보아온지라 내 말실수에 악의가 없다는 것을 안다. 흥분하면 표현이 거칠어지는 것에도 이미 익숙하다. 그런데도 친구는 내 말 때문에 불편하다고 했다. 나는 그럴 때마다 번번이 미안하다고 할 수밖에 없었다. 점점 친구의 눈치를 보게 되었다. 내 개성을 다 펴면 친구는 기분이 나쁘다고 하니 말을 적게 할 수밖에 없었다. 친구가 들어서 속 시끄러울 화제는 피했다. 어느날, 친구와 할 말이 없어진 것을 알았다. 과연 그 친구는 나의 친구일까?

　"너에게 진심으로 미안해서 미안하다고 말한 건 아니야. 가끔은 진심으로 미안하기도 했어. 그런데 요즘 들어 미안하다고 하면서 화가 난 적도 많아. 내가 왜 화를 내는지 넌 아니? 나 이제 알 것 같아. 내 미안하다는 신부른 사과였어. 니가 기분 나빠해서, 기분 나빠하는 게 싫어서 먼저 미안하다고 한 거야. 내가 실수한 부분도 있어.

언니,
꼭
그래야 돼?

그거 인정해. 문제는, 실수한 만큼만 미안하다고 해야 했는데, 너 마음 얼른 풀어주고 싶어서 필요 이상으로 미안하다고 했어. 그런데 오랫동안 그렇게 했더니 난 네 눈치를 보게 되네. 너와 편안하게 이야기를 주고받을 수가 없어. 넌 분명히 내 친구였지만 지금은 아닌가 봐. 앞으로는 또 모르겠지만. 너 뒤끝 있다고 혼자 구시렁거렸는데, 내 뒤끝은 이십 년짜리였구나. 미안하다." '미안해' 강박이 있는 내가 과연 친구에게 이렇게 말할 수 있을까?

상냥하게 말해야 한다

민정

민정 씨처럼 상냥한 사람은 처음 봤다는 말을 자주 듣는다. 새로운 사람을 만나면 거의 어김없이 이 말을 듣는다. 그렇다. 나는 상냥하다. 이 상냥함에는 타고난 성격에 학습된 반응, 연습된 말투 등도 버무려져 있을 것이다. 딱 교회 언니 같은 다정한 말투도 있다. 그 성분 구성이 어떠하든 드러나는 행동양식은 방긋방긋 친절친절이다. 상냥함은 나의 특성인 동시에 강박이다.

나는 누구에게나 상냥한 편이다. 광고 전화를 받으면 상대의 말을 끊지 않고 성의껏 듣고 상냥하게 거절한다. 그래서 전화를 주신 낯선 분에게 감사 인사를 듣기도

언니,
꼭
그래야 돼?

한다. 그분이 원하던 결과를 얻지 못했는데도 말이다. 한 번은 보험을 해지하려고 고객센터에 전화해 일을 처리했다. 그런데 5분도 안 되어 고객센터에서 다시 전화가 왔다. 처리 과정에 문제가 있었나 의아해하며 전화를 받았는데 아니었다. 고객센터 담당자께서 해지 전화인데도 기분이 좋았다며 감사하다고 일부러 다시 전화를 하셨다. 이 정도로 상냥하다.

상냥함이 이렇게만 작용하면 강박이 아니라 성격이다. 상냥한 사람이라고 모든 상황에서 상냥할 수는 없다. 그런데 나는 어떤 상황에서도 상냥하지 않은 험한 태도가 드러나지 않도록 단속을 한다. 단속 방법 중 하나는 높임말이다. 높임말로 거칠게 굴기는 어려우니 일로 만난 사이면 초등학교 1학년 학생에게도 말을 높인다. 업무 동료나 학교 선후배에게도 높임말을 쓰는 게 편하다. 상대가 불편해해도 말을 놓으면 상냥하지 못하게 실수할 것 같다.

상냥함이 발휘되지 않으면 괴롭다. 상냥하지 않게 대했다고 생각하면 꼭 상냥함으로 보상하고 싶다. 중간고사를 못 본 학생에게 "OO 학생 바보네요."하고서 아차 싶으면 10초만 시간을 되돌리고 싶다. 시간을 돌릴 수 있을 리 만무하니 호시탐탐 학생의 시험 결과가 다시 화제가 되기를 기다린다. 상냥하게 위로할 기회를 노린다. 기회를 얻지 못하면 언젠가는 상냥하게 보상하고야 말겠다는 의지를 불태운다. 기말고사 결과가 나올 때까지 몇 달이나 기다린다. 그 동안 학생이 실망하면 실망하는 대로, 만족하면 만족하는 대로 상냥할 준비를 한다. 대망의 그날이 오면 지난번에 모자랐던 상냥함까지 더해 학생을 위로하거나 응원한다. 그제야 마음이 놓인다. 강박이다.

　나는 상냥하지 않게 구는 내가 낯설다. 내 마음이 곱지 않을 때는 그런 나를 심하게 비난하기도 한다. 수업 중에 학생에게 차갑게 대하고 난 뒤 돌아서서 남에게 절대 못할 욕을 퍼부으며 나를 야단친다. 혼내는 사람이나 혼나는 사람 모두 다 나인데 매몰차게 혼을 낸다. 혼쭐이 나는 쪽이 상처받아 슬퍼하고, 슬퍼하다 보면 그 슬픈 쪽으로 양쪽의 '나'가 모두 수렴되는 순간이 온다. 그때까지 나는 나를 비난하여 극악무도한 죄인으로 만든다. 그러면 용기가 없어져 정작 해야 할 사과를 못한다. 나는 상냥하지 않은 나의 모습이 대단히 싫은가 보다. 나의 욕망은 상냥한 사람이 되고 싶은 것이 아니라 남들이 나를 상냥한 사람으로 보기를 바라는 것이다.

나는 상냥하지만 냉정하기도 하다. 내 일과 남의 일을 구분할 때는 너무하다 싶을 정도로 냉정하다. 내가 좋아해서 물고 빠는 동생은 나와 전공이 같다. 그런데도 동생은 내게 과제 한 번을 부탁하지 못했다. 너의 일을 내 일처럼 해주는 유형의 사랑이나 친절은 내게 없다는 것을 동생은 알고 있기 때문이다. 관계에서 거리도 명확하게 규정한다. 직장 동료일 뿐인데 친밀한 친구인 척하거나, 잘 모르는 사람인데 나의 인생 선배인 것처럼 조언을 하는 경우, 바로 그 자리에서 최선을 다해 정확히 말하고 불편함을 해소한다. 솔직함의 강박이 있기 때문이다.

그런 이야기도 상냥하기 그지없게 말한다. 상냥함의 강박이 일차적으로 발휘되는 것이다. 본래의 상냥함에 쥐어 짜낸 상냥함 두세 방울을 더해서 상냥함이 뚝뚝 묻어나게 거리조절을 한다. "OO 님께서 제 친구는 아니잖아요. 그런 말씀은 친구랑 하세요."라고 하거나 방긋방긋 웃으며 "제가 여쭸던 것은 여기까진데 너무 훅 들어오셨어요. 예상보다 더 오셨으니까 제가 한 발 뒤로 갑니다."라고 말한다. 의사 전달은 분명하게 했지만 친절하게 말했기 때문에 무례하면서 멍청한(?) 이들은 알아듣지 못하기도 한다. 그럴 때마저도 나는 대체로 상냥하다. 몸과 마음이 힘들면 어쩔 수 없지만 조금이라도 나를 통제할 힘이 있으면 기분 나쁘다는 표현도 상냥하게 한다. 한 친구는 이런 나에게 싫다는 표현을 상냥하게 하면 알아듣지 못하니까 그런 말은 문자로 하라고 충고해 주었다. 그럴 때는 '불쾌'라는 단어를 쓰라고 덧붙였다.

　　문제는 주의를 기울이지 않아 냉정함이 겉으로 드러날 때다. 내 특성이니까 그러려니 하면 될 텐데 그냥 넘기지 못한다. 지금은 좀 덜하지만, 예전에는 내가 상냥한 모습을 보이지 못하면 빨리 나를 상냥한 사람으로 되돌려 놓으려고 난리를 떨었다. 과외를 할 때 학생이 과제를 세 번 이상 하지 않으면 수업을 그만둔다는 원칙을 정했다. 한 학생이 그 원칙을 어겨 약속대로 수업을 그만두기로 했다. 학생에게 부모님께 직접 말씀드리거나 아니면 내가 말씀드리거나 둘 중 편한 것을 고르라고 했다. 학생은 직접 말씀을 드리겠다고 했다. 2주 정도 지나서 그 학생의 부모님이 전화를 하셨다. 왜 안 오냐고 물으셨다. 여차저차해서 그렇게 되었다고 말씀을 드렸다. 통화를 하는 동안 학생이 괘씸해서 화가 났다. 자신이 과제를 하지 않아서 생긴 일이고, 자기 입으로 부모님께 말씀 드리겠다고 하고서 약속을 어겼기 때문이다. 부모님은 학생과 수업을 계속해 달라고 부탁하셨다. 참 곤란했다.

10년 전의 나는 매우 화가 났지만 예의바르고 상냥하게 거절하기 위해서 그 학생의 집에 갔다. 11시가 넘은 캄캄한 밤에 택시를 타고 가서 학생의 부모님과 이야기를 나누고 마무리를 했다. 왜 그 시간에 거기까지 갔을까. 스스로 이해할 수 없어서 괴로워했다. 상냥한 사람이 되고 싶어서 별짓을 다했다.

지금은 난리를 떠는 게 냉정한 것보다 더 이상하다는 것을 알기 때문에 마음을 꾹꾹 누를 때도 꽤 있다. 뿌듯하다. 본래 있는 상냥함이 어느 정도인지 알고 상냥하지 않은 나의 모습도 그대로 받아들였다면 없어도 되는 강박이었다. 지금은 상냥하지 않은 나를 적당히 인정할 수 있어서 많이 나아졌지만, 정말 속부터 상냥한 사람이 되어서 편해지는 날도 오기를 바란다.

솔직하게 말해야 한다

민정

나는 적당히 똑똑하다. 내가 딱 어느 수준인지 아는 정도까지만 똑똑하다. 그게 끝이다. 책을 읽고 이해한 내용을 바탕으로 글을 쓸 수 있는 정도다. 독서 이외의 다른 방법으로 세계를 이해하는 데 익숙하지도 않고 유능하지도 않다. 전공 영역이라도 문서가 아니라 그림이나 음악, 영상 자료를 볼 때는 긴장한다. 사람도 아닌데 자료에 낯을 가린다. 그래도 다행히 사회생활은 즐겁게 하고 있다. 좋은 사람을 많이 만난 덕분이다. 나는 사회적인 기술이 별로 없다. 내 처세술은 하고 싶은 말을 그 자리에서 바로바로 해 버리는 단순한 수준이다.

이런 내가 짊어지는 강박은 솔직함이다. 나는 어떤 상황이든 솔직하게 반응해야 한다는 강박이 있다. 상황에 맞게 둘러댔다가 적당한 시점에 깔끔하게 매듭지을 재치도, 그것을 잘 기억해서 엇박자가 나지 않게 할 기억력도 없다. 게다가 나는 시시때때로 실수 잔치를 벌이는 헐렁한 유형의 사람이다. 그렇지만 문제를 만들고 싶지는 않다. 이런 나의 특성을 종합하면 솔직함은 사회적 관계를 즐겁게 유지할 수 있는 가장 좋은 전략이다. 그래서 나는 좀처럼 키워질 것 같지 않은 유연한 처세술은 포기하고, 강박적이라서 거친 솔직함을 이리저리 가다듬으며 살고 있다.

솔직함은 훌륭한 자질이다. 튼튼한 자존감의 바탕 위에서 악의가 없고 사랑으로 전해지는 솔직함은 미덕이다. 내 '솔직함 강박'의 지향도 그렇다. 그러나 아직 그 정도 수준에 이르지 못했고, 노력 중이다. 예전에는 이 강박이 지금보다 더 직접적이고 다듬어지지 않았다. 직장 상사가 "민정 씨는 나를 싫어하지요?"라고 물은 적이 있었다. 그 때 나는 그분의 눈을 빤히 바라보며 씩씩하게 "네! 저는 OO 님도 저를 싫어하신다고 느낍니다."라고 했다. 심지어 방긋방긋 웃으며 대답했다. 밉상스럽게 솔직했다. 지금은 그 정도는 아니다. 만약 지금 나에게 다시 묻는다면 그렇게까지 경쾌하게, 묻자마자 곧바로, 그렇다고 끄덕이며 완전 긍정의 대답을 하지는 않을 것이다. 의사를 정확하게 전달하고 싶은 마음만큼 상대에게 상처주고 싶지 않은 마음을 솔직하게 드러낼 것이다.

'솔직히' 말하면, 솔직해서 손해 본 적은 없다. 내 생각을 다 드러내니 답답하지 않다. 사람들은 내 의사를 제대로 파악하고 나를 배려해준다. 직선적이고 즉각적인 솔직함을 어려워하는 사람과는 가까이 지내지 않으니까 친구들 사이에서는 문제가 없고, 업무적으로는 의사를 정확히 전달하기 때문에 득이 된다. 손익을 따지자면 강박의 덕을 보고 있는 셈이다. 그런데 행복하지 않다. 솔직함을 나의 강박으로 의식하는 이유는 바로 '행복하지 않기' 때문이다.

일단 그 자리에서 최선을 다해 솔직했으니 정직하게, 내 기준에서는 바르게 행동했지만 밤에 자기 전에 누워서 뒤척이는 잠시잠깐에는 부끄러워질 때가 있다. 내 솔직함으로 상처를 받았을 사람이나 강박적인 솔직함을 보시고 "아이고, 민정아." 하시며 혀를 차셨을 예수님이 떠오르기 때문이다. 강박적인 솔직함에는 나를 지키고

자 하는 욕망은 가득하지만 타인을 향한 사랑이 한 방울도 없으니까.

이런 나의 성향을 알고 있는 동료 A가 기분 좋게 충고를 해 준 적이 있다. 부끄러울 때마다 종종 그 충고를 떠올린다. 나와 동료 A, 그리고 후배 B가 함께 있던 자리에서 있었던 일이다. 나는 B에게 생글생글 웃으며 "OO 님, 보고서를 봐도 무슨 말인지 정말 하나도 모르겠어요." 라고 했다. B는 그 말에 아무 대꾸도 하지 않았지만 표정이 굳어졌다. 그때 동료 A가 생긋 웃으면서 말했다. "민정 님, 방금 말씀에서 '하나도' 빼면 어때요? 그거 연습되시면 '잘 모르겠어요.'도 해 보세요. 민정 님은 아이들에게 예쁜 말 하라고 가르치시잖아요." 맞다. 그렇게 하면 된다. 솔직하게 의사를 전달하면 된다. 거친 생각을 여과 없이 말하면서 솔직하다고 하면 안 된다.

솔직함은 좋다. 솔직함이 문제가 아니라 사랑 없는 솔직함에 스민 냉기, 나를 지키기 위한 전략적인 솔직함에 담긴 얄팍한 이기심이 나쁘다. 나는 백 살이 되어도 어떤 상황에서든 누구에게든 솔직하고 싶다. 그때는 나의 솔직함이 나만을 위한 강박적인 고슴도치 가시가 아니라 상대를 완전히 존중한 결과로 발현되는 진실한 솔직함이기를 바란다. 부디 솔직함의 강박이 만드는 실수들이 성장의 밑거름이 되기를. 울퉁불퉁한 솔직함이 모서리가 둥글려진 고운 솔직함으로 다듬어지기를.

4
—
일과 돈

성실해야 한다

민정

　꼭 필요한 것은 남들만큼 하고 싶다. 그런데 많은 부분에서 놀라울 정도로 모자라다. 공부는 그나마 좀 하지만 그것 빼고 보통 사람들처럼 하는 게 거의 없다. 요리, 악기 연주, 춤이나 운동 중에 재능이 있는 것은 하나도 없다. 즐길 수준도 안 된다. 그 중에서 쿨하게 그렇다고 인정할 수 있는 영역이 있고 그렇지 못한 영역이 있다.

　'성실'은 편안하게 나의 특성으로 인정할 수 없는 영역이다. 성실함은 덕목인 동시에 재능이다. 아무나 쉽게 성실할 수 없다. 성실은 나에게 없는 재능이라 노력해서 얻어야 했다. '성실' 강박은 내게 없지만 필요해서 익힌 강박, 일종의 기술적인 강박이다.

나는 천성이 게으르다. 나무늘보의 느슨함 정도는 우습다. 어렸을 때는 너무 많이 자서 부모님과 친척 어른들께 타박을 많이 받았다. 길에서도 잠을 잤다는 내 이야기가 동네에 우스운 일화로 전해올 정도다. 부인하고 싶지만 길에서 누워 잠을 자고 있는 사진이 남아 있다. 버스나 지하철에서 잠이 들어서 내려야 할 정류장을 지나치는 경우도 다반사였다.

잠만 많은 게 아니다. 몸을 움직여서 하는 일은 다 못하고, 좋아하지도 않는다. 가능하면 집 밖으로 나가지 않으려고 최선을 다하고 한번 나갔을 때 최대한 많은 일을 하려고 일정을 조정한다. 집에 혼자 하루 종일 있어도, 그런 날이 며칠씩 계속되어도 심심하지 않다. 주변에서는 집에 있으면 뭐 하냐고 묻는데 그럴 여유가 없어서 문제지 시간만 되면 아무 것도 하지 않고 그냥 잘 있다. 텔레비전을 보지도 않고 책을 읽지도 않는다. 그렇다고 자지도 않는다. 가만히 앉아 있거나 누워 있다. 그때 무슨 생각을 하냐고 묻는 사람도 있는데, 아무 생각도 안 한다. 그냥 가만히 있다. 그런 시간이 편안하고 좋다. 게으르다.

가족을 제외하면 나의 게으름을 아는 사람은 거의 없다. 사회적으로는 바쁜 시간을 더욱 쪼개면서 살기 때문이다. 이게 성실에 대한 내 강박의 표현이다. 원래 없는 자질이지만 사회생활에 필요하기 때문에 학습된 행동 패턴이다. 이 강박의 행동 패턴은 참 한심하다. 많은 일 중독자들이 그러하듯 지나치게 바빠서 삶의 균형이 무너지는 지경까지 스스로를 몰고 간다. 성실하게 최선을 다하는 것과 휘청대면서 쥐어짜는 것은 분명히 다르다. 그러나 그것을 알아도 삶에 적용이 잘 안 된다. '게으른 나'라는 하드웨어에 성실이라는 소프트웨어를 억지로 끌어넣으니 늘 위태위태하게 굴러간다.

타고난 게으름에 성실을 끼우면 모든 시간을 효율적으로 쓰겠다는 강박이 작동한다. 사람은 모든 시간을 효율적으로 쓸 수 없다. '게으른 나'는 더 그렇다. 본래 성정이 바지런하고 성실한 사람들과 달리, '게으름이 기본값인 나'는 일정이 느슨하면 성실하기 어렵다. 일단 늘어져 있고 싶다. 해야 할 일을 끝까지 미루고 미룬 뒤에 손에 집는 게으름뱅이기 때문이다. 일정을 여유롭게 사용할 줄 모르니, 시간을 쪼개어 각종 일들을 촘촘히 채워놓고 빠릿빠릿 굴지 않으면 안 된다고 스스로에게 계속 알려준다. 일정에 한해서는 과하게 예민하다. 애인과 데이트를 할 때도 만나는 시각과 헤어지는 시각을 모두 정하고 만났을 정도다.

성실 강박 때문에 제일 힘든 부분은 잠이다. 잠을 많이 잘 수가 없다. 체력적으로 못 버텨서 가끔 하루씩 날을 잡고 꿈속을 헤매지만 보통은 평균 너덧 시간, 많게는 여섯 시간 남짓 잔다. 새벽 두세 시에 잠자리에 들고 일곱 시 반 전에 일어난다. 이게 몸에 익은 사람도 있을 텐데 나는 아무래도 익숙해지지 않아서 늘 졸리고 피곤하다. 5분이라도 짬이 있으면 눈을 감고 머리를 기댄다. 언제나 피곤에 지쳐 누우면 즉시 잠이 든다. 그러면서 기를 쓰고 새벽 두 시가 넘도록 컴퓨터 앞에 있다. 그 시간 내내 일을 하지 않아도 그렇게 한다. 균형을 잡지 못한다.

원하는 만큼 잠을 못 자니까 우스운 일이 종종 생긴다. 제일 민망한 건 바쁜 와중에 일정을 잡아서 놀러갔을 때다. 놀러 갔으니 일을 할 수 없다는 생각에 긴장이 풀리면 그냥 잠만 잔다. 놀러 간 의미가 없어진다. 집에서 잤으면 오가는 시간은 아꼈을 텐데 애써 놀러가 숙소에 도착하면 잠을 잔다. 같이 간 사람들을 생각해 깨어 있으려고 안간힘을 쓰지만 곧 꼬빡꼬빡 조는 뻐꾸기시계가 된다. 가족들과 함께 제주도에 갔을 때 늦잠을 잤다. 깨어보니 부모님은 놀러 나가시고 나만 덩그러니 남아 있었다. 친한 친구들끼리 계곡에 놀러가서는 도착하자마자 셋 다 씻고 바로 잠이 들었다. 잠에서 깨니 주변은 이미 어두웠다. 고기를 구워 저녁을 챙겨 먹고 다시 잤다. 숙소 주인이 "경치가 너무 아름다운데 잠만 자다 가서 어쩌나요?"하고 아쉬워했다.

이렇게 기우뚱한 모양새로 헉헉대며 살면 일상을 가지런하게 정리할 엄두가 나지 않는다. 틈만 있으면 늘어질 것 같은 두려움이 있으니 여유를 만들지 못한다. 혹시 산들산들한 시간을 주었다가 게으름이 폭죽놀이를 할까봐, 그런 내 모습에 실망할까봐 무섭다. 맡은 일을 잘하고 싶다. 일의 결과를 담보할 수 없으니까 일의 과정에서 최선을 다해야만 한다. 강박이라고 하면서 그게 옳은 것인 양 이야기하는 모양새를 보니 이 강박은 놓기 어렵겠다. 맡은 일을 열심히 하는 건 좋은 거야, 이미 맡은 일들은 어쩔 수 없잖아, 그렇다고 남한테 피해 줄 거야? 이런 소리들이 머릿속에 떠다닌다. 이런 생각들은 강박에서 벗어나 삶에 건강한 균형을 회복하는 쪽과는 방향이 다르다. 강박의 본질을 가리려는 수작일 뿐이다. 알면서도 당한다. 쳇. 성실을 타고난 사람들은 복 받은 줄 알아야 한다.

돈에 자유해야 한다

민정

돈은 참 좋은 거다. 아빠 사업이 무너지기 전에는 잘 몰랐다. 풍요로운 시절에는 돈으로 환산할 수 없는 사랑이나 행복, 보람이나 긍지와 같은 가치들을 대단히 긍정할 수 있었다. 그런 가치들은 돈과는 비교할 수 없을 정도로 소중했다. 아빠의 사업 실패와 함께 넉넉한 삶이 끝났지만 정신승리를 위해 그 생각을 그대로 유지했다. 우리 가족은 사랑하니까 상황이 엉망진창이라도 행복할 수 있다고 믿었다. 풍요로운 시절은 다시 돌아오지 않을 테니 대놓고 돈을 원할 수 없었다. 원하면 비참해지니까 돈에 대한 내 욕망을 모르는 척했다. 내게 있는 가치들을

언니,
꼭
그래야 돼?

훌륭하게 여기고 그것만을 추구했다. 성경이 말하는 물질로부터의 자유는 감사한 도피처였다. 돈에 대해 자유로워야 한다는 강박이 싹텄다. 그 강박이 있어도 돈 걱정은 엄청 한다. 현실적으로 돈 들어갈 구멍은 많으니까 걱정을 안 할 수가 없다. 부조화가 생긴다.

　나는 돈을 잘 안 갖고 다닌다. 넉넉할 때는 수중에 돈이 있는지 없는지 신경쓰지 않았다. 돈이 없다고 말하는 것이 자존심과 아무 상관이 없었다. 그냥 있는 만큼 쓰고 없으면 안 썼다. 지금의 나는 그때의 무심함을 부러워한다. 그래서 가지고 다니는 현금에 한해서 무심하다. 얼마간 현금을 뽑아서 다니다가 다 쓰면 없는 채로 다닌다. 얼마가 있는지 잘 모른다. 그러다보니 현금으로만 살 수 있는 포장마차 떡볶이, 맛있는 호떡을 못 먹는 일이 비일비재하다.

　현금에 무심한 척하면서 체크카드의 잔고와 신용카드의 계좌는 열심히 챙긴다. 용돈을 잘 관리하고 싶어서 체크카드를 쓰는데, 그 목적은 월초에 체크카드 계좌에 용돈을 입금할 때까지만 지킨다. 체크카드를 써서 잔고가 줄어들면 불안하다. 잔액이 마음으로 정한 하한선에 가까워지면 하루에 열 번도 더 잔액을 확인하고 또 확인한다. 똑같은 잔액을 여러 번 확인하다가 결국 참지 못하고 잔고가 일정 금액 이상이 되도록 채운다. 어디서 누굴 만나 무엇을 먹고 싶을지 알 수 없다고 나에게 변명하면서. 체크카드 계좌에 수시로 입금을 하니 용돈 규모는 매번 계산해야만 알 수 있다. 용돈 관리의 보람도 없거니와 피곤하고 자주 불안하다. 그러면 체크카드를 쓰지 않거나, 처음부터 용돈보다 넉넉하게 채워두거나, 잔고가 0이 될 때까지 체크카드를 쓰면서 용돈 규모를 조정해야 하는데 그러지 않는다. 정해진 용돈을 규모 있게 쓰고 싶은 동시에 잔고가 부족한 느낌은 싫으니 어쩔 수가 없다.

돈에 대한 강박 증상은 물건 값을 기억하지 않는 것으로 변형된다. 체크카드 잔고는 잘 챙기지만 얼마를 썼든 쓴 돈은 즉시 잊어버린다. 친구들과 방금 커피를 샀는데, 들고 나올 때는 커피가 얼마였는지 생각이 안 난다. 한 사람이 한꺼번에 계산하고 나중에 친구에게 돈을 보내는 경우는 곤혹스럽다. 그럴 때는 내가 한꺼번에 계산하는 사람인 게 좋다. 나는 얼마를 썼는지 기억할 필요가 없고, 친구들이 알아서 돈을 보내주니까 편하다. 돈을 얼마나 썼는지 기억하면 매번 잔고를 확인하지 않아도 될 텐데. 비효율적이다.

또 다른 변형은 돈을 잘 안 쓰는 것이다. 필수적인 생활비를 빼면 나의 모든 소비는 관계적 비용이다. 좋아하는 사람들과 시간을 보내거나 맛있는 음식을 먹기 위해서는 별생각 없이 쓰지만 나만을 위해서는 거의 돈을 쓰지 않는다. 나를 위해서는 먹는 데만 쓴다. 책도 안 사면 엥겔지수 백 퍼센트다. 특별히 맛있고, 값진 요리를 찾아 먹지 않는다. 무엇이든 맛있어하는 입맛이라 대충 먹으면서도 세계 제일로 행복해한다. 길을 지나면서 우연히 들른 가게에서 화장품을 사거나 지나가다 들은 음악이 좋아서 음반을 사는 일이 없다. 서점에 가는 것을 좋아하지만 계획하지 않은 책을 사는 경우도 드물다. 영화도 가족이나 친구와의 약속이면 즐겁게 보지만 나 혼자만의 만족을 위해 보려면 여러 번 고민한다.

개인의 행동은 일정한 경향성을 지닌다. 성격이 작동을 하니까 그렇다. 그런데 돈에 대한 행동은 내 성격과 잘 맞지 않나보다. 가끔보다 자주 슬프고, 때때로 비참하게 느껴지니 말이다. 무심한 척하면서 불편하게 종종대도 불안이 감춰지지 않는다. 경제사정은 언제나 별반 다를 게 없는데, 어느 날은 괜찮지만 어느 날은 불안해서 견딜 수가 없다. 신경질적인 사람으로 변한다. 검소한 척하며 나에게 야박하게 굴고서 자기 연민에 빠질 때도 있다. 그러면 이해할 수 없는 소비를 한다. 먹고 싶지 않은 아이스크림을 커다란 통으로 사서 두어 번 떠먹고 버리거나 보고 싶지 않은 영화표를 샀다가 10분 만에 극장에서 나오기도 한다. 메모장에 기록했던 보고 싶은 책들을 한꺼번에 열 권, 스무 권씩 살 때도 있다. 성격과 맞지 않게 무리하니까 그렇다.

나는 적당히 돈에 무심하고 검소하고 싶다. 동시에 돈을 효과적으로 관리하고 우아하고 품위 있게 쓸 줄 알면 좋겠다. 그런데 아직 자유로운 상태를 잘 모른다. 넉넉하지 않아서 그렇다고 변명하고 싶지만 그냥 덜 자란 부분이다. 변명의 여지가 없다. 하나님의 먹이시고 입히시는 은혜로 살면서 내가 뭔가 하는 줄 아는 '아등바등'을 놓지 못한다. 내일 일은 아무도 모르지만, 아무리 노력해도 경제적인 안정감은 얻을 수 없을 것 같아서 두렵다. 이 두려움을 건강하게 이기고, 돈에서 자유할 수 있으면 좋겠다.

5
—
그림책에
보이는
강박

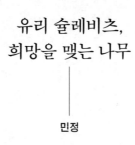

유리 슐레비츠,
희망을 맺는 나무

민정

　두려움의 나무에는 못생기고 쓸모없는 강박의 열매
가 열린다. 아주 결실이 좋다. 보통 사람들은 상황이 잘
통제되지 않고 자신의 뜻대로 안 될 것 같으면 희한한 방
식으로 생각을 전개하고 우스운 행동으로 자기를 보호한
다. 그래서 두려움의 나무는 날마다 풍년이다. 나는 자주
그러기 때문에 의기소침하게 될 때가 많다. 그런데 나와
비슷한 나무인 것 같은데 예쁜 열매를 맺는 작가가 있다.
그 작가의 그림책을 보면 희망이 생긴다. 나도 나무를 잘
가꾸면 내 열매도 이렇게 탐스럽고 먹음직해 질 수 있을
것 같다. 그 작가는 「내가 만난 꿈의 지도」, 「새벽」 등의

언니,
꼭
그래야 돼?

아름다운 그림책을 남긴 유리 슐레비츠다.

　유리 슐레비츠는 제2차 세계대전을 겪은 그림책 작가다. 폴란드 태생인 그는 네 살 때부터 피난을 다니며 유럽 여기저기를 전전하다가 20대 중반에 미국에 정착, 본격적으로 작품 활동을 시작했다. 1968년 아서 랜섬이 글을 쓰고 그가 그림을 그린 「세상에서 가장 어리석은 바보와 하늘을 나는 바보」가 칼데콧 상을 받으면서 널리 알려졌다. 그 후 '환상과 현실을 결합한 독특한 리얼리즘'의 세계를 구축하며 꾸준히 작품 활동을 했다. 가장 최근 작품은 2009년에 나온 「나는 작은 배의 용감한 선장」이다.

　유리 슐레비츠는 참 꾸준하게 '희망'을 그린다. 「내가 만난 꿈의 지도」는 작가의 자전적인 이야기를 담은 그림책이다. 작가는 이 책에서 자신이 실제로 겪었던 피난지에서의 삶을 보여준다. 피난을 간 동네는 사방이 흙빛으로 황량하다. 아이의 가족은 가난하고 먹을 것도 부족하다. 그런데 빵을 사러 갔던 아버지가 빵 대신 지도를 사 온다. 배가 고팠던 아이는 아버지에게 화를 낸다. 그러나 그 지도가 벽에 걸리자 아이는 그 지도를 보면서 전 세계를 꿈꾼다. 아이는 상상으로 여러 곳을 여행하면서 온통 흙빛인 현재를 버텨낸다. 결국 아이는 아버지가 옳았다는 것을 인정한다.

이 그림책을 처음 읽었을 때 좀 놀랐다. 전쟁의 비참함을 그리고 있는 작품인데 아이와 함께 한 세계 여행만 기억에 남아서였다. 조금의 우울 기질이 있는 아이와 한바탕 세계 여행을 잘 하고 온 느낌이었다. 작품에 대한 나의 감상은 '나는 밝은 사람이 좋지만 이 친구는 좀 우울한 편이네. 그렇지만 여행 스타일은 잘 맞네.'였다. 전쟁으로 황폐해진 아이의 현실은 문제가 되지 않았다. 작가는 참혹한 상황에서도 힘차게 희망을 추구하고 있었다.

「나는 작은 배의 용감한 선장」도 마찬가지다. 이 작품에서 아이는 장난감 배를 가지고 놀다가 배를 타고 상상의 여행을 떠난다. 그러던 어느 날 갑자기 아이는 벽에 걸린 그림 속 남자가 자신을 바라보는 것 같은 두려움을 느끼게 된다. 무서우니까 평소와 같이 배를 갖고 놀지 못한다. 어떻게든 놀이를 하려고 그림 속 남자의 시선을 피해 이리저리 숨어 보지만 두려움은 쉽사리 사라지지 않는다. 두려움에 사로잡힌 아이는 한동안 놀이를 하지 못한다. 그러나 며칠 후, 아이는 당차게 다시 놀이를 시작한다. 더 이상 숨지 않기로 결심하고 그림 속 남자에게

언니,
꼭
그래야 돼?

당당하게 말한다. "아저씨는 이 벽도 못 떠나고, 이 방에서도 못 나가죠. 하지만 난 멀리멀리 신나는 여행을 떠날 수 있어요."라고.

「내가 만난 꿈의 지도」에서부터 「나는 작은 배의 용감한 선장」까지 작가는 어린이가 지닌 상상의 힘에 대한 신뢰와 새로운 세상에 대한 간절한 소망을 놓지 않는다. 자신을 압도하는 두려움에 맞서는 아이의 모습에서 숨어도 떨쳐지지 않는 두려움을 이기고 새로운 세계로 나아가겠다는 희망을 본다. 수십 년 동안 밀고 온 그 저력이 감탄스럽다.

예술에는 절망보다 희망을 담아내기가 훨씬 어렵다. 붓다의 말처럼 인생은 고통이다. 삶 자체가 만만치 않은 과업이라 사람들은 살아가는 것만으로도 고단하다. 절망은 노력하지 않아도 경험되기에 사람들은 절망을 그리는 예술에는 쉽게 공감한다. 그러나 희망을 말하는 예술은 어렵다. 힘든 삶을 살아내는 사람들은 그저 잘 될 것이라는 헛된 사탕발림이나 근거 없는 낙관주의에는 감동을 받을 수 없다. 희망은 단단해야 하고, 끈질겨야 하고, 약점과 어려움에도 불구하고 꾸준히 추구해야 할 가치가 있어야 한다.

유리 슐레비츠는 강박의 나무에서 희망의 열매를 맺었다. 그의 작품은 힘들었던 어린 시절에 대한 자기 연민, 그로부터 파생되는 자기 보호의 강박이 인간에게 주어진 상상력의 힘으로 승화되어 희망으로 맺힌 열매다. 그는 자신이 겪은 두려움과 그에 뒤따르는 고통을 모두 인정하면서도 그것에 매몰되지 않은 예술 작품을 남겼다. 그의 작품을 보면 이런저런 사정이 있어서 내게 못난 옹이가 있다고 변명할 수 없다. 나는 그의 작품을 통해 나를 사로잡고 있는 두려움을 직면하고, 통제할 수 없는 상황들에 대한 나의 어설픈 대응을 반성적으로 성찰할 수 있다.

에즈라 잭 키츠,
완벽을 가정을 꿈꾸다

민정

자기와 닮은꼴은 쉽게 알아볼 수 있다. 내가 만족스럽게 생각하는 부분을 닮은 사람도 잘 보이지만, 내가 봐도 꼬깃꼬깃한 나의 모습을 닮은 사람은 더 눈에 뜨인다. 그런 사람을 보면 동지애를 느낀다. 같은 아픔을 느끼는 입장에서 애정을 담은 '고나리질'이나 걱정과 미움을 적절히 섞어 어설픈 '친목질'을 하고 싶다. 종합하면 그런 그늘진 부분에 대해 아는 척을 하고 싶은 것이다. 그러다 보니 가끔은 그 사람의 여러 가지 모습 중에서 나와 닮아 보이는 부분만 확대되어 보이기도 한다. 나에게는 그림책 작가 에즈라 잭 키츠가 그렇다. 가족과 얽힌 나의 강박을 공유해서 그 부분만 크게 보이는 사람이다.

에즈라 잭 키츠는 최초로 흑인 아동을 주인공으로 한 그림책의 작가로 유명하다. 가장 널리 알려진 작품은 「눈 오는 날」이다. 피터라는 흑인 아이가 등장하는 그림책이다. 꼬마 피터가 아침에 눈을 떴는데 온 세상이 눈으로 뒤덮여있다. 피터는 그 눈을 마음껏 즐긴다. 눈밭에 발자국을 남기면서 걷고, 나무에 쌓인 눈을 막대기로 쳐서 떨어뜨려 본다. 눈사람을 만들고 눈 위에 누워 활개를 치면서 눈 천사도 만든다. 눈으로 할 수 있는 갖가지 놀이를 하고는 내일 가지고 놀 눈을 주머니에 모아 넣고 집으로 돌아온다. 얼마나 재미있었는지 엄마에게 오늘의 일을 열심히 이야기하고 목욕을 하는 내내 그것을 생각한다. 그러나 주머니에 모아 온 눈뭉치는 녹아서 사라져 버리고, 피터는 슬픔을 느낀다. 다행히 다음 날에도 눈은 펑펑 내린다. 이 작품은 가득히 쌓인 눈 속으로 피터가 친구와 함께 걸어가는 장면으로 끝난다. 내일 가지고 놀기 위해 주머니에 눈을 넣어서 가지고 올 정도로 어렸던 피터는 「휘파람을 불어요」, 「피터의 의자」, 「피터의 편지」, 「피터의 안경」을 거치면서 점점 자라 어엿한 10대가 된다.

언니,
꼭
그래야 돼?

피터의 성장 과정에는 가정에 대한 작가의 환상이 드러난다. 키츠는 유년 시절에 사랑 받지 못한다고 느꼈다고 한다. 그래서인지 키츠의 작품에는 부모님의 사랑에 대한 간절한 갈망, 좋은 부모님에 대한 끈질긴 요구가 담겨 있다. 모든 작품에서 피터의 부모님은 매우 다정하다. 부모님은 사랑을 가득 담아 피터와 눈을 맞추고 피터의 이야기를 들어준다. 피터가 짐을 싸서 집을 나가도 화를 내거나 야단을 치기는커녕 맛있는 식사를 준비하며 돌아오기를 권유한다. 피터의 사소한 성취도 진심으로 축하하며 기뻐한다. 작가가 바라는 부모의 모습이 이러했으리라 짐작한다.

작품의 배경에도 작가가 추구하는 가정의 모습이 담겨 있다. 피터는 가난한 동네에서 살고 있다. 동네 풍경은 어수선하고 위험하게 보이기까지 한다. 피터의 친구들은 대부분 유색인종이다. 집 밖은 음침하게 느껴질 정도로 거칠다. 그래서 밝고 따뜻하게 그려지는 피터의 가정이 유난히 돋보인다. 주변이 어떠하든 가정만은 밝고 단정하고 따스하기를 바랐던 작가의 소망이 느껴진다.

예전에는 부모 교육을 할 때 에즈라 잭 키츠의 작품들을 많이 소개했다. 열심히 연습해서 휘파람을 불게 된

피터를 축하하는 부모님의 모습을 예로 들면서 자녀를 존중하는 부모의 태도를 설명하기도 했고, 화가 나 토라진 자녀를 다그치지 않고 기다리는 부모의 모습으로 부모-자녀 간의 소통 방법을 설명하기도 했다. 그의 작품은 이상적인 부모를 보여주기에 참 좋았다. 그런데 언제부터인가는 조심스러워졌다. 이상적인 작품으로 현실에서 자녀를 키우는 부모님들을 비난하는 것 같아서였다. 작품에 담겨 있는 그의 소망을 이용하여 부모님들에게 천사가 되기를 강요했다는 생각이 들었다. 그때 이상적인 가정에 대한 에즈라 잭 키츠의 강렬한 열망을 직접적으로 느꼈다. 나의 가족과 사랑에 대한 강박과 닮은 부분이 눈에 들어왔다.

에즈라 잭 키츠는 1983년 67세로 생을 마감할 때까지 결혼을 하지 않았고, 아이를 낳거나 키우지도 않았다. 대신 작품 속에서 피터와 피터의 동생 수지, 그리고 그들의 친구들을 키웠다. 에즈라 잭 키츠는 아이라면 누구든 자신을 중요한 존재로 느끼는 동시에 희망을 가질 수 있음을 알려주기 위해 그림책을 만들었다. 키츠는 작품 속 아이들에게 경제적인 안정이나 아름다운 마을, 뛰어난 재능 대신에 따뜻하고 사랑이 넘치는 부모와 가정환경을 준다. 이 작가는 아이가 자신을 중요한 존재로 느끼고 희망을 가지려면 무엇보다 따뜻한 가족이 필요하다고 보았다.

지나친 상상, 혹은 망상일지 모르지만 나는 에즈라 잭 키츠가 결혼을 하지 않았던 이유를 알 것 같다. 방향은 다르지만 내가 결혼을 하지 않는 이유와 비슷할 수 있다. 에즈라 잭 키츠와 나는 가족에 엄청난 의미를 부여하고, 이상적인 가족에 대한 기대가 너무 크지 않았나 싶다. 가족에서 결핍을 느꼈던 그는 자신이 생각하는 이상적인 가족을 작품 안에서만 구현할 수 있었다. 현실에서 이상적인 가정을 꾸리기는 아무래도 두려웠을 것이다.

나도 마찬가지다. 이상적인 가정에 대한 그림이 있지만 내가 그것을 이룰 수 있을지 모르겠다. 나는 지금의 가족이 너무 좋다. 가족이 아닌 사람과 결혼해 내 가족을 떠나는 일은 위험하다. 각자 꿈꾸는 가정의 모습이 다른 사람들이 불협화음 없이 다름을 조율하고 안전한 가정을 이룰 수 있을까? 어려울 것 같다. 그래서 나는 에즈라 잭 키츠에게 동질감을 느낀다. 아름다운 가정에 대한 꿈이 있어도 기대가 너무 크면 망설이게 된다. 소망은 멋지지만 소망하는 모습까지 나아가기는 부담스럽다. 내 힘으로는 이룰 수 없을지 모른다. 그래서 내 눈에는 에즈라 잭 키츠의 작품들이 참 아름답게 보인다. 그 모든 두려움이 어떻게 이렇게 따뜻하게 풀어졌을까 생각하게 된다.

6
—
신앙

빛과 소금이 되어야 한다

혜덕

강박의 근원

'가오'는 허세, 있는 척을 지칭하는 속어로 일본어 카오(かお[顔])에서 왔다. 이 단어에는 얼굴이라는 의미 외에 체면이라는 뜻도 있다. 우리말에서 사용되는 일본어 단어들은 은어나 비속어로 쓰일 때가 많은데 이 단어 역시 그렇다. '가오를 잡다', '가오가 서지 않다' 등은 바르고 고운 말이 아니지만, 이 표현은 사람들 사이에서 "우리가 돈이 없지, 가오가 없나."(영화 「베테랑」)처럼 나름대로 독특한 어감을 확보하고 있다.

나는 가오를 중시한다. 말 그대로 '있어 보이고' 싶다. 지인들이 안 입는다고 넘겨준 옷을 대충 걸쳤는데 명품으로 보인다고 하면 "에이, 뭘요."라고 대답하면서도 입꼬리가 슬쩍 올라간다. 몇 마디만 말했을 뿐인데 방송인으로 느껴진다고 칭찬을 받으면 겉으로는 아무렇지 않은 척하지만 속으로는 춤을 춘다. 잘나 보이다니 뿌듯하다. 칭찬을 받으면 당연히 기분 좋지만, 이런 상황에서 내가 누리는 기쁨은 그런 수준이 아니다. 내가 아는 나의 실체, 그 이상으로 보인다는 말에 두 배로 기쁘다. 실제로는 그리 자랑할 게 없다. 어려서는 지금보다 더 그랬다. 아버지의 사업 실패로 열 살 때부터 아버지와 같이 살지 못했다. 경제적인 어려움보다 남들에게 다 있는 아버지가 없는 게 더 싫었다. 그러니 어떻게든 있어 보이고 싶었다. 없어 보이면 슬프고 우울하니까.

요즘은 기독교에 대한 사회적 평가가 그리 좋지 않지만 적어도 내가 자란 1980년대 서울 잠실에서는 그렇지 않았다. 교회는 어린이와 청소년의 놀이터였다. 문화적인 혜택을 누리지 못했던 아이들은 교회에서 놀았다. 교회에서는 여름성경학교, 문학의 밤, 겨울 수련회 등 계절마다 다양한 행사가 열렸다. 교회는 따뜻하고 달콤한 환대의 공간이었다.

　　교회에서 누군가 자신을 모태신앙이라고 소개하면 나는 속으로 '몇 대?'하며 회심의 미소를 지었다. 다른 사람 눈에 안 보이지만 어깨를 1mm 으쓱 올렸다. 나는 5대째 교회에 다니는 사람이기 때문이다. 한반도 최초의 개신교 집안 출신인 셈이다. 외증조할머님께서는 신주와 성황당을 불태우셨다고 들었다. 외할머니와 외할아버지는 상상 못 할 금액으로 신학교와 교회, 각종 기독교 단체를 지원했다. 그래서 두 분의 이름은 성결교단 교회사에 화려한 수식어구와 함께 남아있다.

　　서점에서 만화책을 고르다 우연히 한국의 대표 부흥사로 회자되는 분의 전기 만화를 발견했다. 만화책에 주인공이 지프차를 타고 이동하는 장면이 나왔다. "이 차는 김OO 장로님이 사 주신 지프차지."하는 말풍선을 보았다. 대한민국에 지프차가 몇 대 없던 시절, 부흥사 목사님에게 지프차를 헌납한 김OO 장로님이 내 외할아버지라는 사실을 만화책 코너에 서 있는 사람들에게 알리고 싶었다. 내게 외가의 신앙 내력은 온갖 잡동사니가 가득한 광에서 발견한 자개 보석함 같았다.

　　내가 우주를 창조한 분의 사랑으로 존재하는 사람

이라는 믿음은 청소년 시절 자존감 형성에 큰 도움을 주었다. 거기에서 한 걸음 더 나아간 게 문제였다. '불합리하고 부조리한 세상의 빛과 소금이 되라 하셨으니 그리하리라. 뼈대 있는 신앙의 집안 출신인 내가 아니면 누가 하리?'라고 딱 떨어지게 정리하지는 않았지만, 이 생각은 나의 의식과 무의식에 촉촉하게 깔렸다. 있어 보이고 싶다는 욕망은 내 강박의 근원이 되었다.

있어 보이고 싶은 욕망

대학 신입생이 되면서 과외를 시작했다. 돈을 벌어서 좋았다. 일단 학비를 해결했다. 엄마가 어딘가에서 얻어 온 옷을 입지 않고 취향에 맞는 옷을 사 입을 수 있었다. 방 책꽂이에 책과 CD를 들여놓았다. 문화생활을 누리니 전보다는 좀 더 있어 보였다.

과외를 해서 학비가 모이면 지갑과 마음에 여유가 생겼다. 큰돈은 아니었지만 그 돈이 나를 사랑을 받는 사람에서 사랑을 베푸는 사람으로 바꿔놓았다. 사랑은 돈이었다. 선배들에게 받은 대로 나도 후배들에게 밥과 커피를 사 주었고 선물도 했다. 후배들을 사랑해서 한 행동이었지만 있어 보여서 기쁘기도 했다.

한 학기에 최소 3개, 많게는 5개의 과외를 했다. 학비와 용돈, 문화생활, 거기에 남에게도 쓸 여유가 있으려면 그 정도는 당연했다. 그러다 딱 한 번, 이런저런 이유로 과외가 하나씩 정리되더니 모든 과외가 끊겼다. 처음에는 '설마 과외가 안 구해질까? 조금 기다리면 되겠지.' 하고 여유를 부렸다. 그러다가 한 주가 가고 두 주를 넘기면서 차차 불안해지기 시작했다. '어쩌지? 이러다 휴학을 하게 되는 건가?' 당시에는 지금처럼 학자금 대출이 보편화되지 않았다. 빚은 나에게 공포였다. 빚이라는 단어를 떠올리는 순간, 우리 집으로 몰려왔던 아버지의 채권자들이 눈앞에 불쑥 나타나는 것만 같았다.

대놓고 하나님을 원망했다. 아버지와 함께 살지 못했고 그분의 부재로 인해 불편하고 짜증났지만, 그 사실로 창조주를 원망한 적은 없었다. 그러나 통장에 잔고가 없으니 하늘을 향해 삿대질을 했다. 돈은 중요했다. 돈이 없으면 학교에 다닐 수 없고, 그나마 나를 지탱해 주고 있는 '있는 척'도 산산이 부서질 판이었다. 억울하고 속상했다. 이럴 거면 왜 나를 학교에 보냈냐고, 학교를 다니게 했으면 졸업도 시켜줘야지, 내 아버지처럼 책임 안 지면 안 된다고, 기도인지 시위인지 모를 야단법석을 떨었다.

두 달 동안 돈을 벌지 못하면서 미래에 대한 불안과 싸워야 했다. 대학 졸업 후 임용고시를 준비하면서도 그 불안감은 순간순간 고개를 들었다. 과연 내가 수험생활을 잘 마칠 수 있을까? 대학 입시에서 1.5:1 정도의 경쟁률은 넘었지만 임용고시에서 15:1의 경쟁률을 넘을 자신이 없었다. 그래서 우회로를 선택했다. 대학생 신분일 때 다녀오지 못한 유럽 여행도 다녀오고, 잡지사 인턴으로 근무하기도 했다. 의미있는 시간이었다. 그러나 점차 두려움에 잠식당했다. 세상의 빛과 소금이 되기는커녕, 세상과 마주할 자신이 없었다. 그 무렵 다니던 교회 장학생으로 선발되어 기독교 교육학을 공부하면서 청소년 사역을 할 기회가 주어졌다. 내게 익숙한 기독교적 배경에서 공부하고 일하는 길이 열렸다.

당시 나는 하나님께서 나를 청소년 사역으로 부르셨다고 생각했다. 생각한 정도가 아니라 그것이 나의 소명이라고 믿었다. 대학원 입학 서류에도 그 확신을 구구절절 적어 넣었다. 지금 돌이켜보면 그 선택의 밑바닥에는 15:1에 대한 두려움이 깔려 있었다. 그 두려움을 대면할 용기도 없었거니와 두려움을 보지 못하게 만든 안경까지 끼고 있었다. 이십 대 중반의 나는 이분법에 단단히 붙들려 있었다. 성과 속, 진실과 거짓, 미덕과 악덕을 부지런히 나누었다. 나는 스스로를 성과 진실과 미덕의 자리에 앉히려고 부단히 노력했다. 그렇게 하면 심지어 내가 훌륭해 보이기까지 했다. 나의 실체와 허세 사이의 간극은 그렇게 조금씩 벌어졌다.

공부를 마치고 난 뒤, 나는 더욱 의미 있고 보람된 길을 선택하려고 했다. 2002년, 부산의 한 대안학교에서 일하게 되었다. 전일제로 일했지만 100만 원이 못 되는 월급을 받았다. 월세 내고 생활비 쓰고 20만 원을 저축했는데 옷을 사 입거나 영화를 볼 여유라곤 없었다. 학교에서 퇴근해 원룸으로 돌아오는 단조로운 생활이었지만 즐거웠다. 통장 잔고가 넉넉하지 않아 헐렁한 마음 구석을 남들이 가지 못하는 길을 가고 있다는 빛과 소금의 자부심으로 채웠다.

그렇게 '있는 척'이 절정에 이르려던 찰나, 결혼해 아이를 낳았다. 하나 낳고 둘 낳고 셋까지 낳다 보니 '경단녀'가 되었다. 집에서 입을 일이 없는 투피스 정장을 재활용 수거함에 넣으면서 내 '있는 척'도 함께 내다 버린 줄 알았다. 그러나 아니었다. 기독교인 유부녀로 세 자녀를 키운다는 사실은 매우 있어 보였다. 겨우 한 명 낳거나 혹은 두 명 낳는 마당에 셋이라니. 거기다가 거룩하고 경건한 믿음의 자녀에게 매일 성경을 읽어주며 사랑과 평화의 가정을 이루다니, 이보다 더 있어 보일 수가 없었다.

있어 보이지 않아도 괜찮아

내 '있는 척'은 귀여운 수준을 넘어버렸다. 그런 '있는 척'에서 세상의 빛과 소금이 되어야 한다는 강박이 나왔으니 내가 들어갈 관을 스스로 짜고 있던 셈이었다. 생각지도 못한 지점에서 둑이 무너졌다. 2016년 2월 설 명절 즈음, 남편과 다투었다. 사소한 것으로 섭섭했는데 나름의 방어기제랍시고 다시는 마음 상하지 않겠다고 단단히 결심을 했다. 과한 결심이 불면증의 방아쇠를 당긴 줄 그때는 전혀 몰랐다. 5분도 잠들지 못하고 밤을 새웠다. 다음 날, 설마 오늘도 못 잘까 반신반의하며 누웠다가 다시 뜬눈으로 밤을 보냈다. 그렇게 3일 밤낮을 내리 새우니 두통이 찾아왔고 일상생활이 불가능해졌다. 80시간 동안 한숨도 자지 못하고서야 의사를 찾아갔다.

의사에게 약을 처방받았지만 먹을 수가 없었다. 내가 처방받은 약은 수면 유도기능을 하는 항우울제와 항불안제였다. 내가 이렇게 약한 사람인가? 선생님은 내게 어울리지 않는 이런 약을 왜 처방해 주신 거지? 하얀 약병 뚜껑에 붙어있는 항우울제, 항불안제라는 글씨들이 내 '있는 척'을 무너트리는 것만 같았다. 방어벽이 사라지면 사람들이 나를 만만하게 볼까봐 두렵고 싫었다. 약의 힘을 빌지 않고 불면을 극복해 강한 사람이 되고 싶었다.

꼬인 수면 패턴은 쉽게 풀리지 않았다. 불면의 밤들을 보내며 수없이 숙면을 달라고 기도했으나 내 절규를 들어 주셔야 할 분은 침묵했다. 두 달 동안 이어진 입면 장애는 자다가 여러 번 깨는 중도 각성을 거쳐 새벽녘에 일어나 다시 잠들지 못하는 조기 각성으로 변했다. 불면 3종 세트를 다 경험하고 나니 우울증이 찾아왔다. 말수가 급격히 줄어들었다. 어디서든 슬픔이 밀려왔고 특히 눈물이 조절되지 않아서 사람 많은 곳에 가기 싫었다. 의사는 항우울제를 꾸준히 먹을 것을 권했다.

그 무렵 친구가 어느 교육 프로젝트의 합숙 연수에 나를 불러 주었다. 일정을 시작하며 각자의 소속을 밝히며 인사를 했는데 아무 기관에도 소속되어 있지 않은 나는 뭐라고 소개를 해야 할지 난감했다. 1박 2일의 합숙이 끝나고 여섯 시가 되기 전에 어린이집에 맡긴 막내 아이를 찾기 위해 언덕길을 달려 올라갔다. 다리가 후들거려 제대로 걸을 수가 없었다. 그래, 난 원래 저질 체력이었지, 혹여 다시 소속이 생기더라도 퇴근해 아이를 찾고 저녁밥을 지을 체력이 나에게 없지. 자괴감이 밀려왔다. 그날 이후 우울은 무기력으로 바뀌었다. 두 달 동안 똑같은 날을 보냈다. 막내 아이를 오전 아홉 시 이십 분에 어린이집 승합차에 태운 뒤 네 시 십 분에 다시 찾을 때까지 이불 속에 들어가 꼼짝도 하지 않았다.

불면증이 시작된 겨울에서 우울증이 찾아온 봄과 여름, 무기력하게 아무것도 하지 못했던 가을을 보내며 내 '있는 척'은 부서졌다. 그 폭풍 같은 날들을 보내며 엄마의 효녀는 죽고, 남편의 나비부인도 함께 죽었다. 나를 얽어맸던 강박도 함께 느슨해졌다. 그래도 나는 거룩한 가정의 어머니라는 광채를 끝까지 붙잡고 있었다. 다시 취업해 집을 나서면 아이들을 잘 챙기지 못할 거라는 생각에 사로잡혔다. 그러나 집에 계속 머물 수는 없었다. 그랬다가는 진짜로 죽을 것 같았다. 나의 마지막 '있는 척'을 벗고, 될 대로 되라는 심정으로 이력서를 넣었다. 몇 번의 시도 끝에 육 년 공백을 뛰어넘어 일하게 되었다. 이제 '있는 척'은 주머니 안에 쏙 들어가는 크기로 줄어들었다.

허세와 솔직의 균형

일반적으로 '있는 척'이 과하면 허세가 된다. 나의 경우에는 '있는 척'이 과해져 강박이 되었다. 강박은 피곤하고, 힘겹고, 재미도 없다. 내가 끝까지 이 강박을 놓지 않았다면 어떻게 되었을지, 상상만으로 충분히 끔찍하다. 다행스럽게도 내 주머니 안에는 '있는 척'에 균형을 잡아줄 카드가 한 장 들어있었다. 그것은 '솔직함'이다.

사람은 타인의 시선으로부터 자유롭지 못하다. 특히 한국 사람들, 그중에서도 내 나이 또래 한국 여성들은 주변 사람들의 시선과 평가에 쉽게 주눅 들곤 한다. 그러니 솔직하면 제 발로 도마 위에 올라가 눕는 셈이고 손해를 볼 수밖에 없다. 가릴 것은 가리고 편집할 것은 적당히 삭제, 보정해야 입방아에 오르지 않는다.

남들이 나를 흘끔댈까 두려워하느니 차라리 당당하게 나를 보여주고 말지 하는 마음을 가진 것은 '있어 보이고 싶다'는 강박이 줄어들면서 생긴 일종의 은혜다. 그렇게 나를 보여주고 난 뒤에 내 입에서 나온 솔직한 말이 다른 사람의 마음에 살며시 닿는 경험을 했다. 생각 외로 망한 집 자식, 없는 집 자식이 많았다. 경제적인 문제가 아니더라도 사연 없는 집은 없었다.

교실에서 학생들 앞에 서면 '있는 척'을 하게 된다. 학생들은 앉아있고 나는 서 있으니까, 학생들이 잘 모르는 것을 나는 알고 있고 그것을 학생들에게 잘 이해시키는 일을 하니까 의식하지 못하는 사이에 그렇게 된다. 그러나 나도 모르는 것이 한두 가지가 아니라는 것을 진솔하게 고백하면 학생들은 눈앞의 선생이 자기들을 해치지 않는다는 것을 알게 된다.

학생들은 자신을 지키기 위해 붙잡고 있던 것들을 슬그머니 내려놓는다. 껍데기를 깨고 나와도 되겠다고 안심한다. 그렇게 서로의 안전을 확보하고 난 뒤에 나는 학생들에게 자신의 솔직한 이야기를 글로 써 보라고 격

려한다. 학생들이 생각과 감정을 최대한 진솔하게 표현하도록 도와준다. 그러나 나는 그들의 엄마가 아니니 훌렁 벗지는 못하게 한다. 교육 혁명가 파울로 프레이리의 말처럼 엄마와 선생을 섞으면 이도 저도 안 되니까.

'있는 척'과 솔직의 균형을 잡아가며 길을 걷다 보면 사람들을 만나게 된다. 먼지 가득한 길에서 만나는 한 사람 한 사람은 귀하고 아름답다. 역사 이래 증명된 인간의 잔인함과 인생의 비루함을 무시할 수 없고, 악으로 똘똘 뭉쳐진 인간도 존재한다는 것을 모르지 않는다. 그래도 일단 내 시야에 들어온 누군가는 예쁜 사람이다. 그의 속이야기를 들으면 눈물이 난다. 눈물 방울은 보석처럼 빛난다. 반짝이고 짭짤한 그 눈물은 내가 오래 찾던 '빛과 소금'일지도 모른다.

사랑에는 끝이 없어야 한다

혜덕

사랑의 함수

안톤 체호프의 단편 소설 「귀여운 여인」에는 A를 사랑할 때는 A를 찬양하고 B를 사랑할 때는 B가 세상의 전부라 말하는 여인이 나온다. 상대방에게 사랑을 바치는 것만으로 행복을 느끼는 주인공 올렌카는 주체성을 상실한 여인이다. 그녀의 사랑 방식은 그리 건강하다고 할 수 없다. 그러나 그녀가 눈앞에 나타난 사랑의 대상에게서 고유한 매력을 찾아내고 그 매력에 도취되는 대목에서는 고개가 끄덕여졌다. 나도 사람들의 매력을 잘 발견한다. 그 대상은 올렌카처럼 애정 관계에만 국한되지 않는다. 십인십색, 열 사람은 제각각 열 가지 매력으로 내게 다가온다.

이러니 사랑하기보다 사랑하지 않기가 더 어렵다. 나는 사람을 사랑해서 사람이 되신 분, 사람을 위해서 죽으신 예수님을 내 인생의 주군(主君)으로 모시고 있다. 그분의 명령은 짧고 단순하다. "사랑하라." 사람을 좋아하고 다른 무엇보다 관계에 의미를 두는 편이라 이 명령에 별다른 거부 반응이 없다.

나는 사랑을 '입장과 능력 부여의 함수'로 정의하곤 한다. X축은 '입장', Y축은 '능력 부여'로 그래프를 그린다. 사람은 각기 처한 입장에 따라 다양한 사랑을 경험한다. 부부, 부모와 자식, 사제, 선후배, 친구 사이의 사랑은 사회적으로 용인되는 사랑의 입장이다. 그러나 엄마와 옆집 아저씨의 사랑은 타인의 비난을 면하기 어려운 입장이다.

입장이 타당하다고 해서 다 사랑일 수는 없다. 사랑인 척하는 집착, 사랑이라 미화된 소유욕도 있으니까. 이 문제를 Y축의 '능력 부여'가 잡아 준다. '능력 부여(empowerment)'는 이기적인 마음으로 상대방을 사랑하지 않고 상대방의 인생을 응원하고 힘을 실어 주는 이타적인 마음이다. 그러려면 내가 먼저 이타적인 사랑을 받아야 한다. 내가 경험하지 않은 것을 상대방에게 줄 수는 없으니까. 예수님은 내게 그런 사랑을 주셨다. 그분의 사랑을 받아 누린다면, 상대방을 덕스럽게 사랑할 수 있다고 나는 믿는다. 덕화만방(德化萬方), 덕행으로 교화하여 중생을 감화시킬 사랑의 능력을 펼치는 것이다. 내 이름 '혜덕', 은혜와 덕도 그런 구조다. 받은 은혜로 펼칠 것은 오직 덕이다. 우정, 애정, 동료애, 인류애는 다채로운 스펙트럼으로 펼쳐지지만 다 덕스러운 사랑이다.

"당신의 존재 자체가 나의 기쁨입니다." 내가 친구들에게 자주 하는 말이다. 종일 사람에 치이고 들볶여 밑바닥으로 가라앉더라도 이런 말 한마디가 하루를 끝까지 견뎌낼 힘을 준다. 그 말을 해 주는 사람이 나와 아무 상관없는 사람이 아니라, 내게 호의를 보이는 사람, 내게 의미 있는 사람, 나를 사랑하는 사람이라면 최상이다. 그런데 이런 말로 상대방에게 사랑을 표현할 때에는 주의를 기울여야 한다. 내 사랑을 받는 사람이야 사랑받아 좋겠지만 그의 주변인들은 불편하거나 오해할 수 있으니 말이다. 몇 번의 시행착오를 거치면서 이런 사랑에 '예의'

를 더해야 한다는 것을 알게 되었다. 그래서 무턱대고 내 사랑을 표현하기 전에, 먼저 상대에게 묻는다. "제 사랑을 받으시겠습니까?" 그러면 대부분 좋다고들 한다. 우리는 건조하고 메마른 세상을 살며 사랑에 목말라 있으니까. 상대방이 사랑받을 의사를 표현하면 나는 그 사람이 처한 입장에 적절하게 사랑을 부어주려고 애를 쓴다.

보통 열 사람이 함께 있을 때 일곱은 나에게 무관심하고 둘은 나를 싫어하며 한 명만 나를 좋아한다고 한다. 그럼 나를 좋아하는 한 명과 사랑하면 되지 뭐가 그리 복잡하냐고 반문할 수 있다. 기독교적으로 답하면 길이 보인다. 내가 본래 사랑받을 만한 존재가 아니었다는 것, 심지어 '죄인'이었다는 것에서 출발하면 된다. 나는 이미 절대자에게 분에 넘치는 사랑을 받아버렸다. 그런 처지라 나에게 무관심하거나 혹은 나를 싫어하는 타인에게 도도하게 굴 수가 없다. 무한한 사랑을 받아서 죄송하고 또 감사하니, 덕이 되는 사랑을 하고프다.

이런 사랑을 제대로 할 수 있으려면, 이런 사랑의 통로가 되려면 힘을 빼야 한다. 사랑을 부어주시는 분, 무한한 사랑의 원천이신 주군의 음성을 들어야 한다. 내 뜻이 가득해 힘을 잔뜩 주면 그 음성은 들리지 않는다. 그분의 사랑이 내게 부어질 때 그 사랑은 나의 개성과 섞여서 빛을 발한다. 오렌지 향과 초콜릿 맛이 감도는 블랙티처럼 여운이 오래 남는다.

끝없이 사랑하기를

이런 흠 없고 숭고한 사랑에 무슨 강박이 있겠냐마는, 내게는 염려스러운 두 가지 사랑의 강박이 있다.

첫 번째는 내가 신적 사랑의 '사명'을 받았다는 강박이다. '제다이 증후군'이라 명명한 이 강박은 내가 허리춤에 광선검을 꽂고 발목까지 내려오는 로브를 휘날리는 제다이, 어둠의 세력으로부터 은하계를 지켜내야 할 제다이가 되어야 한다는 강박이다. 주군에게 받은 사랑의 능력을 펼치는 것이 나의 '소명'이다. 제다이는 사익을 추구하지 않고, 그러기 위해 결혼을 하지 않고 자녀도 낳지 않는다. 나는 이미 결혼도 했고 아이도 셋이나 있지만 사랑의 '사명'은 나를 쉬지 못하게 한다. 가까이 있는 가족과 친구들, 멀리 있는 낯모르는 이들까지 사랑하려면 하루 24시간이 부족하다.

성경에 나타난 사랑의 원리는 하나님을 사랑하고 네 이웃을 '네 몸같이' 사랑하라(마태복음 22:37-39)는 문장으로 압축된다. 내 주군 예수님께서 사랑은 건강한 자기애에서 출발한다는 것을 밝히셨는데도 나는 스스로를 제다이로 착각하다가 펄럭거리는 로브에 발이 걸려 넘어지곤 한다. 내가 받은 신적 사랑이 특별하기에 광선검도 휘두를 수 있다고 '오버'한다. 그러다 정신을 차리면 이웃, 지인, 친구에게 준 만큼 받지 못해서 삐쳐있는 나를 발견한다. 신의 자녀인 동시에 필부필부(匹夫匹婦)임을 잊지 말아야 하는데도 아차 하는 순간 균형을 잃는다. 평범한 사람들 사이의 기브 앤 테이크, 주고받는 사랑은 세속적이고 속물적이라 생각하기 때문이다.

두 번째는 사랑이 '끝없이' 이어져야 한다는 강박이다. 내가 사랑하는 사람들이 늘 손이 닿는 곳에 있을 수는 없다. 삶의 변화 때문이기도 하고, 나에 대한 마음이 바뀌어서이기도 하다. 드물지만 애초에 나를 사랑하지 않았다가 떠나가는 경우도 있다. 나는 이런 변화를 받아들이는데 서툴다. 관심과 호의를 보낸 사람에게 수신 거부를 당하면 거절감으로 기분이 좋지 않다. 하지만 얼마든지 있을 수 있는 일이다. 일어나서는 안 되는 일도 아니다. 그런데도 나는 사랑하는 사람들과 끝없이 관계를 이어가며 마르지 않는 사랑을 주어야 한다는 강박을 갖고 있다. 예수님은 "보아라, 내가 문 밖에 서서, 문을 두드리고 있다. 누구든지 내 음성을 듣고 문을 열면, 나는 그에게로 들어가서 그와 함께 먹고, 그는 나와 함께 먹을 것이다."(요한계시록 3:20)라고 말씀하시면서 '문을 안 열 권리'를 존중하셨다. 그런데 나는 나중에 구청장 선거 나가려는 뜻도 없으면서 내 눈앞에서 사람이 떠나가는 꼴을 못 본다.

사랑을 주는 만큼 받고 싶어 하는 필부필부는 덜 멋져 보여서, 나는 진심을 제다이 로브 속에 감추고, 사랑의 초능력을 발휘하는 '있는 척'을 하려 했다. 나는 예수님이 아님을, 절충형으로 예수님의 제자는 될 수 있어도 제다이는 될 수 없다는 것을 이제는 안다. '포스'의 균형을 잡으며 또 하루를 살 뿐이다. 이제 쉰을 바라보는 나이가 되었다. 오십이면 지천명, 하늘의 명을 안다고 한다. 그때 또 '오버'해서 하늘의 뜻에 따라 전 인류를 사랑하겠노라 설레발을 칠까 두렵지만, 그때가 되면 내 사랑을 받은 총명한 친구들이 정신 차리라고 내게 "할(헐이 아닙니다)!"을 외쳐 줄 거라 믿는다.

전도해야 한다

혜덕

신적 사랑을 받은 사람은 공의를 행하고 사람을 사랑하며 겸손히 하나님과 동행(미가서 6:8)하게 된다. 기독교인이라 자처하면서 공의에 관심이 없고 사람을 사랑할 줄 모르며 하나님의 손을 뿌리치고 제멋대로 혼자 뛰어가기에 바쁘다면 그는 자신이 받은 사랑을 잘 모르는 사람이다. 문제는 그런 사람이 많다는 것이다. 오히려 안 그런 사람을 찾기가 쉽지 않다. 멀리 갈 것 없이 나를 봐도 한숨이 나온다. 받은 사랑을 잊어버리지 않으려고 애를 쓰지만 하루를 살아내기에 벅찬 날도 많다.

한국 개신교 예배에서 공식적으로 사용하는 찬송가

언니,
꼭
그래야 돼?

310장은 나의 신앙고백이다.

> 아 하나님의 은혜로 이 쓸데없는 자
> 왜 구속하여 주는지 난 알 수 없도다
> 내가 믿고 또 의지하는 내 모든 형편 잘 아는 주님
> 늘 돌보아 주실 것을 나는 확실히 아네

나이를 먹을수록 잘 모르는 것들이 많아진다. 특히 나에게 왜 은총을 부어 주셨는지 잘 모른다. 그저 아는 것은 그분이 이 먼지 많은 순례길에서 오늘도 나와 함께 하시고 친구로 동행해 주신다는 사실이다.

예수님과 동행하는 기쁨을 누리는 사람들은 그 사랑에 감격하여 그분의 마지막 부탁인 "그러므로 너희는 가서, 모든 민족을 제자로 삼아서, 아버지와 아들과 성령의 이름으로 세례를 주고, 내가 너희에게 명령한 모든 것을 그들에게 가르쳐 지키게 하여라. 보아라, 내가 세상 끝 날까지 항상 너희와 함께 있을 것이다."(마태복음 28:19-20)를 수행하려 한다. 정도의 차이는 있지만 기독교인이라면 누구나 전도의 사명, 곧 '맛집 소개의 강박'을 갖고 있다. "다른 맛집도 맛나겠지만 제가 가 본 이 맛

집이 정말 맛있다니까요. 한 번 드셔 보세요."라고 말해
야 한다는 부담이 있다.

맛집 소개의 포인트는 자연스러움이다. 안 그러면
맛집 소개가 아닌 맛집 광고가 된다. 친구를 맛집에 데려
가는 것과 손님을 맛집으로 모시는 것은 비슷해 보이면
서도 다르다. 친구가 맛집을 권하는 줄 알았는데 알고 보
니 그 친구, 그 맛집 사장이더라 하면 씁쓸하다. 심지어
"이 맛집으로 꼭 들어와야 해. 그렇지 않으면 넌 '예수천
당 불신지옥' 공식에 의해 영원히 꺼지지 않는 불가마에
서 활활 타게 될 거니까." 라고 하면 맛집 소개는 고사하
고「심야식당 – 공포의 치킨 편」이 되어 버린다.

몇 년 전 30년의 세월을 뛰어넘어 옛 친구를 만났
다. 친구를 만나기로 마음먹은 데는 나의 맛집 소개 강박
도 한몫했다. 친구는 무신론자에 유물론자라 내 입장에
서는 반드시 맛집 소개를 해야 할 대상이었다. 그런데 나
는 오히려 그 친구에게 조언과 도움을 엄청나게 받았다.
친구 덕분에 수다 봉인을 풀었고, 글을 쓰게 되었다. 결
정적으로, 그 맛집을 먼저 경험한 사람이랍시고 우쭐대
던 내 모습을 거울에 비춰 보게 되었다. 그래서 어설프게
전도했다가 전도한 것을 사과하기도 했다. '쯧쯧, 맛집

을 거부하는 불쌍한 인간'이라고 친구를 내려다보았다
는 사실이 참 볼썽사납다. 사람은 맛집 지라시를 나눠줄
대상이 아니라 그저 사랑할 대상이다. 한 사람 한 사람을
사랑하여 사람이 되시고 그 사람을 위해 죽으시고 다시
사신 분이 우리를 사랑하신 것처럼. 노래를 만드는 한웅
재 목사님의 표현을 빌자면, "사랑은 여전히 사랑"이다.

하나님을 의식해야 한다

혜덕

몇 년 전 내가 자랐던 잠실에 120층이 넘는 건물이 들어섰다. 먼지 없는 맑은 날에는 강 건너 지금 내가 사는 동네 언덕에서도 그 건물이 보인다. 우뚝 솟은 건물의 모양새는 영화 「반지의 제왕」에 나오는 사우론의 눈이 달린 탑을 연상시킨다. 절대 반지를 찾으려고 이글거리는 눈으로 모든 삼라만상을 감시하는 눈, 그 빨간 눈이 보일 듯하다.

기독교인이라면 한 번쯤은 들어 보았을 단어 '코람데오(CORAM DEO)'는 '하나님 앞에서'라는 뜻이다. 16세기 루터와 칼빈을 비롯한 종교개혁자들은 이 정신의 토대에서 오직 성경, 오직 믿음, 오직 은혜, 오직 그리스도, 오직 하나님께 영광이라는 기본 입장을 정했다. 그런데 이 덕스러운 단어가 사우론의 눈과 묘하게 겹쳐 보일 때가 있다.

코람데오와 사우론의 눈은 둘 다 나를 들여다본다는 점에서 비슷하다. 하나님께서는 나의 모든 것을 지켜보고 계시지만 그분의 시선은 사우론의 빨간 눈이 아니라 사랑을 가득 담은 눈임을 알고 있다. 그것을 아는 데도 성경에 나오는 '불꽃 같은 눈'이라는 표현 때문인지 내 보호막을 뚫고 들어오는 절대자의 시선이 불편했다. 가릴 것은 가리고, 보여드리고 싶은 것만 보셨으면 좋겠는데 그게 안 되다니 영 마음에 들지 않았다.

나는 하나님 앞에서도 '있는 척'을 하고 싶었다. 이렇게 '있는 척' 강박은 질기다. 하나님 보시기에, 하나님 앞에서 칭찬받을 만한 사람이 되고 싶었다. 그러니 십자가에서 예수님이 죽어 가실 때, 양쪽에 달린 흉악범 – 아마 살인, 강도, 강간의 3종 세트 정도는 되었을 것이다. 당시에는 아무나 십자가에 달아 죽이지는 않았다 – 중에서 한 죄수를 사망 직전에 구원해 주신 장면을 이해할 수도 공감할 수도 없었다. 아니 왜 구원을 값싸게 만들지?

그럼 내가 이 먼지 많은 세상에서 하루하루 치열하게 살아가는 건 뭐냐고. 나는 하나님 앞에서까지 거룩한 모범생인 척 했다.

불면증과 우울증, 무기력증의 파도가 인생을 휘저어 모든 것이 뒤죽박죽되고 나서야 모범생 코스프레에 종지부를 찍을 수 있었다. 인생에는 애초에 모범 답안이 없었다. 남동생의 급작스러운 죽음으로 인생의 덧없음을 경험했으면서도 삶에는 수학 공식처럼 정해진 규칙이 있다고 생각했다. 그리고 그 규칙을 따라가면 정답이 나온다고 믿었다. 내 작은 머리로 인생과 우주를 설명하려고 했으나 손에 쥔 것은 고작 이분법이었다. 삶은 그렇게 단순하지 않았다. 포부는 가상하나 똥폼이었다.

나를 짓눌렀던 각종 강박에서 벗어나려면 성과 속의 이분법에서 나와야 했다. 삶은 은총이자 동시에 지옥이라는 것을, 정리될 수 없고 설명될 수 없는 삶의 모순을 간직한 채로 살아가야 한다는 것을 받아들였다. 그제서야 "주님은 영이십니다. 주님의 영이 계신 곳에는 자유가 있습니다."(고린도후서 3:17)에 한걸음 가까이 다가갈 수 있었다.

오늘도 또 하루를 살았다. 알 수 없는 내일이 오더

라도 어제와 동일하게 하나님 앞에서 살아갈 것이다. 하
나님이 우리와 함께하신다는 그분의 별명 '임마누엘'을
기억한다. 그분은 탑 위에서 나를 내려다보시지 않고 내
옆에서 보폭을 맞추어 함께 걸어주시리라.

후기

혜덕＿＿＿우리가 삼계탕을 먹고 글을 쓰기로 마음먹었던 것이 2016년 겨울이지?

민정＿＿＿네. 그 삼계탕을 먹고, 2017년 상반기에 글을 써서 초복 즈음에 초고를 완성했죠.

혜덕＿＿＿2020년 2월에 후기를 쓰고 있으니 시간이 꽤 지났네. 5년 사이에 많은 일들이 있었구나. 나는 주 3회 학교로 출근하면서 글을 쓰고, 그러다보니 집에는 주부의 빈자리가 생겼지. 그 빈자리를 다른 가족들의 도움으로 채우고, 채워지지 않는 부분은 그냥 내버려두고 있어.

민정＿＿＿저도 언니만큼 다사다난했어요. 그 시간 동안 취업을 했다가 이직을 했다가 퇴사를 했어요. 회사를 다니는 동안 너무 바빴고, 바쁜 일정을 견디지 못해 우울증을 겪었죠. 이직을 한 회사는 월요일부터 금요일까지 딱 일주일을 다니고 포기했고요. 아무리 목구멍이 포도청이라도 지쳐 있는 상태에서는 일이 되질 않았거든요.

혜덕＿＿＿그래. 우리 둘 다 각자의 삶에 바빠서 글을 책으로 만들어 내는 작업을 할 여력이 없었는데, 이렇게 마무리할 수 있게 되어 다행이야.

민정＿＿＿네. 다행이에요. 시간이 오래 걸려서 좋기도 했어요. 신앙이 성장했거든요. 그게 제일 큰 소득이에요. 오래 곱씹으면서 제가 하나님을 오해하고 있었다는 걸 알게 되었어요. 저는 좋은 신앙인, 착한 사람이 되고 싶어서 하나님 말씀을 따르고 있는 줄 알았지만, 사실은 만들어진 제도나 관습에 얽매여서 그것을 잘 지키기 위해 애쓰고 있었어요. 돈에 자유하지 못하면서 자유한 척하는 거나, 완전한 사랑을 꿈꾸면서 오히려 사랑으로부터 멀어지거나 그런 것들요. 진리는 우리를 자유케 한다고 하셨는데, 저는 제가 만든 규칙을 진리로 착각했던 거죠.

혜덕_____나는 결혼을 했고 아이들을 키우잖아. 그래서 좋은 아내, 좋은 엄마가 되고 싶었어. 그런데 아내와 엄마에게 요구하는 덕목은 전통적, 유교적, 기독교적으로 중첩되더라고. 전통과 종교를 통해 좋은 지향점을 갖는 것까지는 좋은데, 힘과 용기를 얻는 게 아니라 오히려 부담이 되고, 강박을 얻게 된 거지. 그래서 나의 강박들을 잘 살펴보고 버릴 건 버려야겠다는 생각을 하게 되었어.

민정_____이 글을 쓰는 과정을 돌아보니 참 감사했어요. 제게 있는 강박들은 저의 콤플렉스와 얽혀 있어서 많이 부끄럽고 견디기 힘들었거든요. 특히 외모와 관련된 부분이나 가족을 사랑해야 한다는 강박은 심했어요. 자주 있는 일은 아니지만 그 부분들은 좀 잘못 건드려지면 저도 모르게 눈물이 난다거나 마음이 상해서 팩 토라져버리고 그랬거든요. 그래서 쓸 때는 엄청 힘들었어요. 부끄러워서요. 그런데 쓰고 보니 별 일이 아니게 생각되기도

하고, 좀 견딜 만 한 것도 같았어요. 그렇게 되더라고요. 얘기를 하는 것만으로 가벼워지는 효과가 있었어요.

또 소득이 있어요. 제가 강박적으로 굴고 있는 문제들 중에는 저 스스로 포기한 것들이 있었거든요. 어쩔 수 없다, 그냥 힘든 게 팔자인 줄 알고 살아야 한다고 생각했죠. 그런데 얘기를 솔직하게 하다 보니까 제가 답을 영 모르는 건 아니더라고요. 답을 알고 있지만 그대로 하기 싫은 문제는 그나마 나은 거였어요. 사디스트이자 마조히스트가 되어 입으로는 힘들다, 힘들다 하면서 그 상태를 벗어나기를 원치 않는 문제도 있더라고요. 주변의 위로는 다 받아먹으면서요. 그런데 그런 문제에 대해서도 좀 거리를 두고 볼 수 있게 되어서 그런지 답을 찾아볼 용기, 힘 같은 걸 얻었어요. 저 자신을 힘든 상태로 내버려 두지 않으려고 노력하면서 저를 대견하게 여기게 되니까 더 힘이 나고. 그런 선순환이 있었어요.

무엇보다 가장 감사했던 건 이 과정을 언니와 함께했다는 거예요. 제게 박정은 수녀님의 책 『사려 깊은 수다』(엘로브릭)를 소개해주셨던 일 기억나세요? 우리의 이야기도 '사려 깊은 수다'였다고 생각해요. 사랑하고 신뢰할 수 있는 사람에게 마음 놓고 솔직할 수 있다는 것이

고마웠어요. 저는 바로 이것 때문에 책을 낼 수도 있겠다고 생각했어요. 글을 쓰면서 저의 강박이 가벼워지고, 답을 찾으려고 노력하게 된 것이 감사하고 좋기는 하지만 그건 개인적인 차원에서 충분히 누렸거든요. 그런데 우리가 함께 했던 수다의 과정을 되돌아보니 책을 내면 누군가에게 위로가 될 수도 있겠는 생각이 들더라고요. 자기만 아는 힘듦에 대해 수다를 해 보시라고 권해 드리고 싶었어요.

혜덕＿＿＿그렇구나. 나는, 좀 세게 표현하자면, 이 글을 쓸 수 있어서 죽지 않고 살았어. 친정 엄마 김 권사님과의 관계를 정립하지 못한 상태로 육아와 가사를 전담하면서 천천히 마음에 그늘이 졌지. 글을 쓰던 중에는 몰랐는데, 시간을 두고 초고를 다시 보니 글이 아니라 대나무숲에 내지른 긴 비명이더라고. 비명은 살려고 지르는 소리잖아. 비명을 지른 덕분에 살긴 했는데, 독자가 읽을 수 있는 글은 아니었어. 나만 보면 되는 일기장을, 피가 뚝뚝 떨어지는 고통어린 문장을 남에게 읽어달라고 하면 실례잖아. 고통의 경험을 약간의 거리를 두고 볼 수 있을 만큼의 시간이 흘렀을 때 글을 다듬기 시작했어. 사실, 나는 엄마를 무척 존경해. 그런데 이 책에는 엄마에게서 벗어나 거리를 두는 과정만 써서 좀 죄송하네.

교회 다니는 사람들은 간증이라는 형식의 말하기에 익숙한데 그 이야기의 끝은 '모든 것이 하나님의 은혜'로 수렴되는 경우가 많아. 그런 말하기는 듣는 이에게 은혜와 감동은 줄 수 있지만, 춘원 이광수의 「무정」처럼 숭고한 마무리의 부담을 남긴다고 할까.

나를 있는 모습 그대로 보아주는 사람, 내 목소리에 귀 기울여 주는 사람에게는 그렇게 말할 필요가 없잖아. 그런 사람에게는 깊은 곳에 밀어놓은 이야기도 꺼낼 수 있는 용기가 생기지. 너와 나의 수다가 독자들, 특히 교회 언니들에게 그런 용기를 길어올리는 마중물이 되기를 바라. 그럴 때 귓가에서 BGM으로 「나 자유 얻었네」가 흐르면 좋겠다. 누군가 또 그 자유를 얻게 되겠지?